1ª edição - Agosto de 2022

Coordenação editorial
Ronaldo A. Sperdutti

Projeto gráfico e editoração
Juliana Mollinari

Capa
Juliana Mollinari

Imagens da capa
Shutterstock

Assistente editorial
Ana Maria Rael Gambarini

Revisão
Alessandra Miranda de Sá
Maria Clara Telles
Ana Maria Rael Gambarini

Impressão
Gráfica Cromosete

Direitos autorais reservados. É proibida a reprodução total ou parcial, de qualquer forma ou por qualquer meio, salvo com autorização da Editora. (Lei nº 9.610, de 19 de fevereiro de 1998)

Traduções somente com autorização por escrito da Editora.

© 2022 by Boa Nova Editora.

Av. Porto Ferreira, 1031 | Parque Iracema
CEP 15809-020 | Catanduva-SP
17 3531.4444

www.**petit**.com.br | petit@petit.com.br
www.**boanova**.net | boanova@boanova.net

Dados Internacionais de Catalogação na Publicação (CIP)
(Câmara Brasileira do Livro, SP, Brasil)

Carvalho, Tânia Fernandes de
O despertar da mediunidade : como lidar com a mediunidade em crianças e jovens / Tânia Fernandes de Carvalho. -- 1. ed. -- Catanduva, SP : Petit Editora, 2022.

ISBN 978-65-5806-030-7

1. Espiritismo 2. Mediunidade - Doutrina espírita I. Título.

22-121460   CDD-133.91

Índices para catálogo sistemático:

1. Mediunidade em crianças e jovens : Doutrina espírita   133.91

Eliete Marques da Silva - Bibliotecária - CRB-8/9380

Impresso no Brasil – Printed in Brazil

01-08-22-3.000

TÂNIA FERNANDES DE CARVALHO
A mesma autora do livro *Deixe-me partir*

O DESPERTAR DA MEDIUNIDADE

Como lidar com a mediunidade
em crianças e jovens

SUMÁRIO

1 - Mediunidade – começando a entender 13

2 - Mediunidade – um pouco da história 23

3 - A mediunidade não é um improviso 31

4 - Quem são nossos filhos 35

5 - Novos tempos – nova geração 39

6 - Crianças que se lembram de outras reencarnações 49

7 - A criança médium – quando a mediunidade chega cedo 53

8 - Quando o médium deve iniciar sua tarefa 59

9 - Qual é o melhor período para se dar início à educação mediúnica? 65

10 - A mediunidade e a parábola dos talentos 73

11 - Um amigo imaginário 81

12 - Ao médium iniciante 89

13 - Grandes médiuns incompreendidos na infância e na juventude 95

14 - Perispírito nas manifestações mediúnicas............ 105

15 - Espíritos Protetores 111

16 - Nem sempre a convivência com o sobrenatural é tranquila...................... 117

17 - Seu filho não está dormindo bem? 127

18 - Obsessão em crianças e jovens 135

19 - O papel da família e da Casa Espírita nos casos da Obsessão 145

20 - Medo de espíritos 149

21 - Espíritos que se apresentam como crianças 155

22 - Mediunidade e hereditariedade 163

23 - Pineal – a glândula da mediunidade 175

24 - Médiuns no mundo espiritual 179

25 - Mediunidade com Jesus 189

26 - Homenagem aos grandes médiuns 201

QUANDO E POR QUE ESTE LIVRO SURGIU

Nascida em berço espírita, com pais que se conheceram na Mocidade Espírita e permaneceram atuantes na casa espírita até o desencarne, percorri todas as etapas que a casa espírita pode oferecer, desde a Evangelização Infantojuvenil até a Mocidade Espírita, bem como todos os cursos que o centro espírita pode oferecer, e busco repassar meus conhecimentos aos que a ela chegam, compartilhando os benefícios recebidos.

É agradável lembrar-me de minha mãe me ajudando a decorar poesias, músicas que eu apresentaria, sozinha ou em grupo, nas festividades do centro espírita. Sempre muito tímida, ia cedendo, temerosa, aos pedidos de educadores infantis, e depois dos amigos da

Mocidade Espírita, para a elaboração e a apresentação dos temas propostos nos programas de estudos e nas atividades entre as Mocidades.

Paralelamente, surgiu o convite para estagiar junto às crianças da Evangelização Infantojuvenil, experiência que dura até hoje, embora tenham se passado mais de quarenta anos. Agora tenho estado mais ligada ao acolhimento e à orientação aos pais, que me pediram que preparasse esse estudo envolvendo a mediunidade na infância e adolescência e seus desafios.

Destaco que esse desafio não é propriamente a opinião de crianças e jovens, pois para eles é tudo bem natural, mas o assunto preocupa os pais. Recordo-me de uma mãe que me contou que seu filho, muito pequeno, foi ao seu quarto tarde da noite e lhe disse: "Mamãe, vem falar com este espírito, que não para de bater no móvel e não consigo dormir!" Nesse caso, a mãe médium, trabalhadora da casa espírita, não se assustou como muitos, que chegam e me contam de seu pavor diante de cena semelhante.

A intenção é apresentar um estudo rápido e prático, relembrando aos pais *que seus filhos são espíritos*, que renascem necessitando de amparo para cumprir um programa previamente estabelecido, acertado quando de seu reencarne, tendo os pais a tarefa de auxiliá-los nesse mister, que inclui ajudá-los a lidar com esse sexto sentido, a mediunidade.

Assim, busquei facilitar-lhes a tarefa, destacando primeiro a necessidade de uma parceria com a casa espírita, local ideal para que lá se encontrem um conhecimento amplo e apoio para a tarefa de apontar aos filhos a mediunidade com e para Jesus.

Esta obra possui textos embasados em mais de quarenta anos junto à evangelização e mais de trinta à frente da coordenação de cursos de educação mediúnica, sempre respaldados em bibliografia segura quanto à mediunidade e suas manifestações.

Agradeço aos meus pais e às casas espíritas pelas quais passei, começando pela da minha infância: o Centro Espírita Allan Kardec da cidade de Tupã, estado de São Paulo, minha terra natal; o Centro Espírita Lar de Nice, quando nos mudamos para São Paulo; e, convidados para outros cursos, chegamos ao Centro Espírita Aprendizes do Evangelho, na rua Genebra, no centro de São Paulo, onde conheci meu esposo, que me trouxe ao Núcleo Assistencial Espírita Paz e Amor em Jesus, local em que permaneço até hoje.

Esses centros espíritas me apresentaram a fidelidade à Doutrina Espírita, a importância do estudo com Jesus e Kardec, bem como obras complementares como as psicografadas por Chico Xavier, Divaldo Pereira Franco, Yvonne do Amaral Pereira e as de tantos outros trabalhadores dedicados e queridos, aos quais somos gratos, pois nos enriquecem com obras que nos proporcionam seguir a passos firmes e seguros na presente encarnação.

Querido leitor, que este singelo trabalho possa ajudar a clarear seus caminhos na tarefa de conduzir seus queridos rumo ao bem e à felicidade.

PREFÁCIO

Este livro foi escrito após muitas pesquisas e anos de trabalho ajudando aqueles que, preocupados, foram em busca de orientações. Para divulgar esses esclarecimentos, Tânia os ampliou, e eis esta obra que, com certeza, servirá de bússola a todos os que passam por dificuldades e problemas com filhos que têm sensibilidades.

A confecção destes escritos foi feita com delicadeza, pétala por pétala. Que resultado magnífico! Uma flor para enfeitar a literatura espírita!

Não consigo deixar, ao estar com Tânia, de me lembrar de seu pai, Antônio,[1] meu grande amigo, e de sua

---

1 Antônio Fernandes Rodrigues, escritor, dentre outros livros, de *Como vivem os espíritos*, da editora Boa Nova.

mãe, Dirce. Se filho de peixe, peixinho é, aí está a filha deles, também contribuindo para o enriquecimento das boas obras.

Este livro é um guia seguro para aqueles que querem entender e auxiliar crianças médiuns; orientá-las para que, desde a infância, sintam a mediunidade como algo natural e se preparem para ser úteis na fase adulta.

Esclarecer e orientar é o objetivo deste livro. Amei-o, e com certeza também o amarão.

Boa leitura!

Vera Lúcia Marinzeck de Carvalho
São Carlos, inverno de 2018

1
MEDIUNIDADE – COMEÇANDO A ENTENDER

159. Toda pessoa que sente a influência dos Espíritos, em qualquer grau de intensidade, é médium. Essa faculdade é inerente ao homem.
(*O Livro dos Médiuns*, capítulo 14.)

O Espiritismo ensina-nos que após a morte os espíritos vivem em outro plano da vida e, de acordo com suas necessidades e condições, atraem-se, mantendo sintonia com nossos pensamentos, interferindo no mundo material, sugerindo-nos boas ou más condutas.

Allan Kardec, na questão 459 de *O Livro dos Espíritos*, questiona sobre a influência dessa população espiritual que nos envolve, nos seguintes termos: "Os espíritos influem sobre os nossos pensamentos e as nossas ações?" E a resposta é assertiva: "A esse respeito sua influência é maior do que credes, porque, frequentemente, são eles que vos dirigem". Isso é a base da mediunidade!

Allan Kardec nos traz também, em *O Livro dos Médiuns, a definição de mediunidade como sendo uma faculdade natural, inerente a todo ser humano*, por isso mesmo não é *privilégio de ninguém,* e vai além, quando afirma que raras são as pessoas que não a possuem, pelo menos no estado rudimentar.

Kardec destaca que essa qualificação – mediunidade – se aplica somente aos que possuem uma *faculdade mediúnica bem caracterizada*, que se traduz por efeitos patentes de certa intensidade, o que depende de uma organização mais ou menos sensitiva, à qual popularmente chamamos *mediunidade ostensiva*, enquanto em outros ela se manifesta em níveis mais sutis, sendo estes, portanto, médiuns em potencial, da mesma maneira que podemos dizer que uma semente contém uma árvore, necessitando que desabroche.

Ensina-nos Kardec que essa *faculdade não se revela em todos da mesma maneira*; cada um tem aptidões diferentes de ver, ouvir, falar, curar, escrever etc.

Resumindo, podemos dizer que mediunidade é a faculdade pela qual os homens se relacionam com os espíritos, ensejando o intercâmbio e a comunicação entre o mundo físico e o espiritual.

Sendo inerente ao ser humano, a mediunidade pode manifestar-se em qualquer pessoa, independentemente da doutrina religiosa que abrace. A história revela grandes médiuns em todas as épocas e em todos os credos. Além disso, ela não depende de lugar, idade, sexo ou condição social e moral.

Foi graças à mediunidade que Moisés recebeu dos Espíritos Superiores os Dez Mandamentos, código de conduta que nos norteia até hoje, e Jesus a utilizou em diversas oportunidades, como nos relata o Novo Testamento.

Todos os contatos do grande apóstolo Paulo de Tarso (Saulo, antes de sua conversão ao cristianismo), que não conheceu pessoalmente Jesus, se deram com ele pelas vias da mediunidade, desde sua aparição às portas de Damasco, em que o Mestre lhe apareceu e lhe perguntou: "Saulo, Saulo, por que me persegues?",[1] até quando o espírito de Jesus teria aparecido ao apóstolo e o aconselhado a não ir a Bitínia (Atos 16:7),[2] entre tantas outras como um espírito de um homem macedônio, pedindo-lhe que fosse para a Macedônia (Atos 16;9-10).

Por meio do grande diálogo com o Espírito da Verdade, Allan Kardec nos trouxe a Terceira Revelação, a Doutrina dos Espíritos, sendo que nosso querido Chico Xavier a popularizou, psicografando mais de 450 livros de diversos temas e autores espirituais, alguns traduzidos para outras línguas.

Outro respeitado médium, o baiano Divaldo Pereira Franco, já psicografou mais de 300 livros, com aproximadamente 10 milhões de exemplares publicados,

---

1 A ponto de fazê-lo cair com o rosto em terra e ouvir uma voz que vinha do alto dizendo "Saulo, Saulo, *por que me persegues?*" (At 9:4). Naquele momento, Saulo perguntou quem era que falava com ele. Como resposta ele ouviu: "Eu sou *Jesus*, a quem tu *persegues*" (At 9:5).

2 Quando chegaram à fronteira da Mísia, tentaram entrar na Bitínia, mas o Espírito de Jesus os impediu. (Atos 16:7.)

alguns traduzidos em outras línguas, com mensagens de diversos autores espirituais, sendo que em ambos os casos todos os direitos autorais foram doados para obras assistenciais.

Quando falamos de mediunidade, precisamos, mesmo que rapidamente, tecer alguns comentários sobre animismo e mistificação.

Mistificar: quer dizer enganar, trapacear, burlar, tapear, iludir, abusar da boa-fé. A própria definição nos põe em alerta, pois mistificar, quando falamos de mediunidade, seria para uso escuso, e a mistificação é afastada com estudo e a moral cristã.

Temos o alerta no Evangelho: "Caríssimos, não acrediteis em todos os Espíritos, mas provai se os Espíritos são de Deus, porque são muitos os falsos profetas, que se levantaram no mundo" (João, Epístola I, capítulo IV: 1).

Animismo: analisemos a própria palavra, que é um termo latino, *animus*, significando alma. Assim, temos que o fenômeno anímico é a manifestação da alma do próprio médium, pois a alma dele pode manifestar-se como qualquer outro espírito, desde que goze de certo grau de liberdade, pois recobra os seus atributos de espírito e fala como tal, e não como encarnado, não se enquadrando, assim, como mediunidade.

Citemos os esclarecimentos do espírito Hammed no livro *A Imensidão dos Sentidos*[3], ao afirmar que "um sensitivo, numa reunião mediúnica, por estar envolvido nos mais diferentes estados emotivos, pode

---

3 *A imensidão dos sentidos*, psicografia de Francisco do Espírito Santo Neto. Catanduva/SP: Editora Boa Nova.

não interpretar, de forma correta, as mensagens que recebe dos Espíritos comunicantes, mesclando-as com seus impulsos, sensações e experiências vividas na imensidão do tempo". E, além, completa: "a manifestação dos Espíritos ocorre a partir das faculdades anímicas dos sensitivos. Portanto, em toda e qualquer mensagem de cunho espiritual haverá sempre a participação do intelecto e do sentimento da criatura que a transmite".

Corroborando, o médium Divaldo Pereira Franco, no livro *Mediunidade: encontro com Divaldo*[4], menciona: "Na mediunidade, o animismo ou a comunicação, que resulta do ser encarnado é inevitável. Naturalmente, o animismo está presente no mediunismo. Quando começamos a educação da mediunidade, digamos que somos 80% anímicos e 20% mediúnicos. À medida que vamos educando a faculdade, diminuímos a dosagem do fenômeno anímico...".

Para que se possa distinguir a mensagem de um encarnado da de um desencarnado, é necessário observar a *natureza* das comunicações e principalmente a *linguagem* utilizada. Portanto, não podemos confundir animismo com mistificação.

Temos observado que nas casas espíritas o animismo é muito combatido e busca-se analisar a fidedignidade da mensagem do espírito comunicante, a fim de se separar o fenômeno anímico do mediúnico, esse último com a presença do espírito desencarnado.

---

4 *Mediunidade: Encontro com Divaldo*. São Paulo: Editora Mundo Maior, 2001.

Por outro lado, não podemos esquecer que, sendo o médium um intérprete da espiritualidade, sempre haverá um traço da participação anímica, mas a ideia e o conteúdo serão do espírito desencarnado.

Existem também manifestações de animismo *puro,* ou seja, comunicação produzida pelo espírito do médium, sem a participação de espírito desencarnado, o que é mais raro, pois, se as intenções forem boas, sempre haverá ajuda e colaboração do espírito desencarnado também.

Infelizmente ainda temos criaturas falhas, que provocam fraudes, no caso de médiuns com o *desejo* de promoção pessoal, e de grupos e espíritos que usam nomes falsos para impressionarem e abusarem daqueles que os atraem pela sintonia de propósitos e afinidades. Estes, esquecendo-se de estudar e distraídos do foco de sua reforma íntima, julgam-se superiores aos demais.

O Espiritismo vê a mediunidade como uma oportunidade de servir no bem, de praticar a caridade, jamais pensando em algum benefício próprio, como Jesus já nos alertara: "Dai de graça o que de graça recebestes"[5].

Graças ao intercâmbio entre os mundos material e espiritual, podemos ter não apenas a certeza da sobrevivência da vida após a morte, mas, mediante relatos seguros, com diretrizes equilibradas, vemos emergir a mediunidade como finalidade e importância

---

5 "Curai os enfermos, ressuscitai os mortos, limpai os leprosos, expeli os demônios; de graça recebestes, de graça dai" (Mateus 10:8).

na conscientização do homem perante suas responsabilidades de espírito imortal.

Para que esse intercâmbio entre os dois mundos, material e espiritual, seja feito com segurança, o estudo deve ser o grande aliado do médium, como nos alerta Kardec na *Revista Espírita* de 1863 (p. 21): "Praticar Espiritismo Experimental, sem estudo, é querer efetuar manipulação química sem saber química"![6]

A mediunidade em si é uma faculdade neutra, depende de como é utilizada.

Que cada médium se conscientize de que tem nela uma ferramenta, *que deve ser usada com e para Jesus.*

"E, depois disso, derramarei do meu Espírito sobre todos os povos. Os seus filhos e as suas filhas profetizarão, os velhos terão sonhos, os jovens terão visões." (Joel 2:28)

"E nos últimos dias acontecerá, diz Deus, que do meu Espírito derramarei sobre toda a carne; E os vossos filhos e as vossas filhas profetizarão, Os vossos jovens terão visões, E os vossos velhos sonharão sonhos; Nesses dias difundirei do meu Espírito sobre os meus servidores e servidoras, e eles profetizarão." (Atos 2:17 e 18)

---

6 Allan Kardec, *Revista Espírita* - 1863. Catanduva, SP: Editora Cultural Espírita Edicel.

O QUE É SER MÉDIUM?

"Digamos primeiro, que a mediunidade se prende a uma disposição orgânica da qual todo homem pode estar dotado, como a de ver, de ouvir, de falar..." (*Evangelho segundo o Espiritismo*, capítulo XXIV – "Os sãos não precisam de médico")

Médium: aquele que está no meio, intermediário, aquele que intermedia a comunicação de um espírito com o mundo dos encarnados. Como saber se sou médium ostensivo? Existem indícios que caracterizam a presença da mediunidade de forma expressiva.

A querida e saudosa médium Suely Caldas Schubert, no livro *Mediunidade: caminho para ser feliz*, Capítulo 3 – O que é Ser Médium, elenca alguns indícios do desabrochar da mediunidade:

- "Alterações emocionais súbitas.
- Acentuada sensibilidade emocional.
- Vidências.
- Necessidade compulsiva e inoportuna de escrever ideias que não lhe são próprias.
- Calafrios, sensação de formigamento nas mãos e na cabeça.
- Mal-estar em determinados ambientes ou em presença de determinadas pessoas.
- Sensações de enfermidades inexistentes.

Que fique bem claro: alguns desses sintomas citados podem ocorrer sem que sejam necessariamente um sinal de predisposição mediúnica."

Esses sintomas podem surgir de forma associada, com maior ou menor intensidade, prevalecendo um ou outro, ou vários, conforme a condição espiritual do indivíduo. No início mediúnico, os espíritos que vêm trabalhar com o medianeiro são de condição mais simples, encarregados de realizar os primeiros treinos mediúnicos de psicografia ou psicofonia.

Raciocinemos: um general não vem preparar um recruta, um sábio não vem ensinar o alfabeto, um cientista não se dispõe a transmitir as primeiras noções de Física ou de outra matéria, um médico cirurgião não está no ambulatório aplicando injeções – assim também, e com muita razão, os Espíritos Superiores não vêm treinar um médium principiante – cada um na sua função, o que evidencia a ordem hierárquica que rege a vida imortal.

Finalizando o capítulo 3 do referido livro, Suely C. Schubert dirige-nos ainda a orientação: "Se você apresenta as características acima mencionadas, se o que lhe está acontecendo se encaixa nestes pontos relacionados, é provável que a mediunidade lhe esteja sinalizando a busca de uma nova vida, de um caminho novo, espiritualizado, para que você encontre, enfim, o sentido transcendente da vida terrena"[7].

---

7 SCHUBERT, Suely Caldas. *Mediunidade, caminho para ser feliz*, 2 ed., editora Didier, 1999.

2
MEDIUNIDADE – UM POUCO DA HISTÓRIA

Se os espíritos se manifestam entre nós por intermédio dos médiuns, sem dúvida esse fenômeno é registrado desde os primórdios da civilização.

Numa retrospectiva muito singela, buscaremos mostrar que desde a Era Paleolítica há vestígios da preocupação com o enterro dos mortos e, portanto, preocupação com o que transcende a vida diária.[1] Isso comprova a eternidade da alma, sendo que o mundo material e espiritual foi referenciado no *Bhagavad Gita*, o texto religioso hindu.

No Egito, *O Livro dos Mortos*, escrito em rolos de papiro colocados nos túmulos junto das múmias,

---

1 Philip Lieberman. Disponível em:
https://pt.wikipedia.org/wiki/Religião_pré-historica. Acesso em: 9 mar. 2022.

tinha o fim de ajudar o morto em sua viagem para o outro mundo, afastando eventuais perigos que este pudesse encontrar na viagem para o Além.

Os sacerdotes do Egito enfrentavam um longo processo de capacitação, e a adoração aos deuses nos templos era restrita a eles, que faziam também o papel de curandeiros. Além de toda essa relação com deuses e seus emissários, havia a preocupação com a vida após a morte.

Igualmente, os antigos gregos comunicavam-se com deuses por meio de oráculos, sonhos e mensagens, acreditando no mundo dos mortos, o Reino de Hades – um reino invisível aos vivos e exclusivo dos mortos.

Os próprios hebreus e cristãos, pelo que conhecemos como Bíblia, descrevem vários encontros com anjos, aparições de pessoas, mortos ressuscitados, levitações, adivinhações, previsões e luzes que parecem surgir do nada, os chamados "milagres", mas demonstrando, assim, inúmeros fenômenos paranormais.

Na Idade Média, o sobrenatural era o responsável por transtornos mentais, apedrejamentos e torturas das mais cruéis, chegando a levar à fogueira diversas pessoas, que eram consideradas possuídas, sendo um exemplo clássico o caso de Joana d'Arc.

Em última análise, quando lemos biografias dos canonizados pela Igreja Católica Romana, podemos identificar a imortalidade dos espíritos, a possibilidade de uma dimensão espiritual paralela, que pode ser percebida por pessoas sensíveis, ou seja, possuidores de mediunidade.

Religiões orientais como o hinduísmo, o budismo, o taoismo e o xintoísmo possuem também conceitos com outras nomeações, mas que podem ser verificados como comunicação entre vivos e mortos, e como reencarnação.

Não nos esqueçamos de nossos índios, que têm em seus líderes espirituais ou curandeiros aqueles que detêm não só o conhecimento histórico dos antepassados, de plantas e ervas para o tratamento de cura, mas são também líderes espirituais ou xamãs, responsáveis pelos rituais e por entrar em contato com as entidades protetoras de seu povo, sendo depositados neles poderes sobrenaturais.

Para nós, que vivemos em um país de tantas culturas e religiões, também temos nas africanas a ciência da vida após a morte, com a comunicação dos espíritos por meio de possibilidades mediúnicas como visão, audição e psicofonia, ou seja, a fala direta dos espíritos através do médium.

No Brasil, maior país espírita, temos, para alguns, que a história do Espiritismo iniciou-se nos Estados Unidos, em 1848, na cidade de Hydesville, no Estado de Nova York, quando pela primeira vez se pesquisou sobre paranormalidade. Estamos falando das três jovens irmãs, *Katherine "Kate" Fox* (1837-1892), *Leah Fox* (1814-1890) e *Margaret "Maggie" Fox* (1833-1893), que fizeram contato com o espírito de Charles B. Rosma por intermédio de pancadas ouvidas nas paredes de casa. A existência de vida após a morte foi aceita, então, como verdadeira, pois as irmãs se dispuseram a fazer testes em várias comissões de análise, e todas atestaram a veracidade dos eventos.

A partir daí, o fenômeno foi pesquisado nos Estados Unidos, no Canadá, na Alemanha, Itália, na Inglaterra e, principalmente, na França, onde ocorreu o fenômeno das chamadas mesas girantes, que acontecia quando um grupo de pessoas se sentava em volta de uma mesa com as mãos sobre ela e repentinamente o móvel ganhava "vida" e começava a se movimentar, independentemente da vontade dos participantes, e respondia, com inteligência, às perguntas feitas pelos participantes.

Em 1855, em Paris, o professor Hyppollite Leon Denizard Rivail, mais tarde conhecido como Allan Kardec, foi chamado para participar de uma dessas reuniões e, cerca de dois anos após seu primeiro contato, chegou à conclusão de que a mesa giratória era um instrumento de comunicação entre um espírito e um encarnado, ou seja, entre o mundo espiritual e o mundo encarnado.

Em 18 de abril de 1857, veio a lume o grande diálogo entre o mundo espiritual e Kardec, quando este lançou *O Livro dos Espíritos*, sob o pseudônimo de Allan Kardec, pelo qual é conhecido até os dias de hoje, pois um espírito lhe disse ter sido esse seu nome em vivência anterior entre os druidas, e ele escolheu o pseudônimo para diferenciar suas obras anteriores das que iniciava à época como codificador da Doutrina Espírita.

Surgiram depois *O Livro dos Médiuns,* em 1861, *O Evangelho segundo o Espiritismo,* em 1864, *O Céu e o Inferno*, em 1865, e *A Gênese*, em 1868. Estes cinco livros são a essência do Espiritismo.

A mediunidade é de todos os tempos, mas, com o Espiritismo, passou-se a estudá-la e a se obter dos Espíritos Superiores a informação de que vivemos cercados por espíritos e que a influência deles sobre nossos pensamentos e atos acontece pelas ligações de afinidades que mantivermos com eles.

Assim, propõe-se a educação mediúnica, alertando que ela deve ser exercida sob a bandeira da caridade, jamais mercantilizada, pois, como Jesus alertou: "Dai de graça o que de graça recebestes" (Mateus 10:8), sendo a mediunidade ferramenta de trabalho ao bem, caminho de libertação e transformação, devendo ser usada santamente, com e para Jesus.

O Espiritismo desmistificou a morte; ela não existe, sendo somente o portal para a dimensão espiritual. Assim, a vida continua, dos dois lados da vida, ensejando oportunidade para as comunicações entre encarnados e os seres incorpóreos.

> "Para conhecer as coisas do mundo visível e descobrir os segredos da natureza material, outorgou Deus, ao homem, a vista corpórea, os sentidos e instrumentos especiais. Com o telescópio ele mergulha o olhar nas profundezas do espaço e, com o microscópio, descobriu o mundo dos infinitamente pequenos. Para penetrar o mundo invisível, deu-lhe a MEDIUNIDADE."
> (Allan Kardec, O *Evangelho segundo o Espiritismo* – capítulo XXVIII, item 9 – "Pelos médiuns".)

[...] Os Espíritos Superiores sabem que em todas as coisas vivas e não vivas há uma qualidade divina, que deve ser respeitada. Em razão disso, Léon Denis[2] sintetizou de forma notável: *"O psiquismo dorme na pedra, sonha na planta, agita-se no animal e desperta no homem".*

Os povos primitivos tinham como crença o "animismo", considerado um dos primeiros sistemas religiosos de nossa civilização. Acreditava que os rios, montes, florestas, lagos e mares, bem como os animais e o próprio homem, todos eram animados por uma mesma essência divina. Viviam plenamente no mundo natural, numa época de inocência e também de liberdade. Certamente, quando recuperarmos esse nosso senso de identidade com a Natureza, que esses homens primitivos tinham por instinto nato e leve noção, poderemos voltar a viver numa fase paradisíaca, sentindo a imensa harmonia que governa tudo o que existe no Universo.

A faculdade extrassensorial é um "instrumento da vida", uma condição natural do desenvolvimento dos seres humanos. Independentemente de as criaturas aceitarem ou não, ela faz parte da naturalidade da existência. É uma faculdade comum a todos, ou seja, integra o processo ontogenético

---

2 Léon Denis (1º-1-1846, Foug (França) a 12-3-1927, Tours (França)) foi um pensador espírita, médium e um dos principais continuadores do Espiritismo após a morte de Allan Kardec. Disponível em: https://pt.wikipedia.org/wiki/L%C3%A9on_Denis. Acesso em. 11 jun. 2022.

do organismo humano; está presente no desenvolvimento inato das criaturas. Assim afirmam os Espíritos Superiores a Kardec: *"a faculdade propriamente dita relaciona-se com o organismo; é independente da moral [...]"*[3].

(Trechos do capítulo "Instrumento da Vida"; fls. 64/5, do livro *A imensidão dos sentidos*, espírito Hammed, psicografia de Francisco do Espírito Santo Neto, editora Boa Nova.)

---

3 *O Livro dos Médiuns*, 2ª parte, capítulo XX, item 226-1

3
A MEDIUNIDADE NÃO É UM IMPROVISO

Afirma o evangelista João: "O que é do corpo nasce do corpo e o que é do espírito nasce do espírito" (João 3:6), portanto, os traços físicos, que pertencem ao corpo, apresentam semelhança entre pais e filhos, mas não podemos esquecer que, às vezes, o futuro reencarnante também poderá imprimir em seu futuro corpo deformações e doenças necessárias para seu aprimoramento espiritual.

Poderíamos dizer que a planificação para a reencarnação é quase infinita e obedece a critérios que decorrem das conquistas morais e de suas necessidades, portanto, necessidades individuais, com base em méritos e na misericórdia, mas na generalidade existem para atender à maioria, segundo as leis de automatismos, sem que envolvam a ajuda de técnicos espirituais especializados no processo dos renascimentos, embora haja também programas e trabalhos especializados para atender finalidades específicas, de acordo com a tarefa a empreender, com vistas ao bem geral, *reduzindo-se malogros.*

E com a mediunidade não é diferente.

O livro *Painéis da obsessão*[1] traz um exemplo com o caso de Áurea, que foi preparada para tarefas específicas junto à mediunidade. Seu processo de renascimento foi avalizado pessoalmente pela veneranda Irmã Angélica, junto a programadores especiais de reencarnações, visando municiá-la aos trabalhos a que se comprometera na edificação do bem.

Afirma o autor espiritual: "mapas da organização física foram traçados com detalhes cuidadosos e recursos psíquicos receberam providências especiais, objetivando o exercício da mediunidade", e arremata afirmando: "Não era uma aventura nem uma realização improvisada".

Por isso é de lamentar quando recebemos na casa espírita pessoas detentoras dessa sublime ferramenta desejosas de se "livrarem" dela, a qual foi aceita e amorosamente preparada antes do reencarne para uso próprio e do próximo.

Portanto, não nos esqueçamos de que os cuidados com a mediunidade começam antes da reencarnação, continuam durante a encarnação e prosseguem na

---

1 *Painéis da obsessão*, ditado pelo espírito Manoel P. de Miranda, psicografia de Divaldo Pereira Franco. 8. ed. capítulo 3, 1983, p. 29 e 31.

vida após o desencarne, pois no mundo espiritual há faixas espirituais distintas, e essas, para se comunicarem entre si, têm necessidade de um intermediário, um médium.

Permitimo-nos traçar um paralelo da sua não utilização com a água parada, que acaba favorecendo a proliferação de insetos indesejados. Essa ferramenta não utilizada "enferruja-se", desencadeando prejuízos ao seu possuidor. E, se quisermos ser intermediários de espíritos evangelizados, teremos, primeiramente, de nos evangelizar. Em se falando de crianças e jovens médiuns, é preciso atenção redobrada de pais ou responsáveis em orientá-los nesse mister.

Os Espíritos Superiores são unânimes em nos pedir empenho para o engrandecimento dessa faculdade, portanto, mediunidade é sinônimo de serviço com e para Jesus.

CAPÍTULO XVII – DA FORMAÇÃO DOS MÉDIUNS
(Importância do Estudo)

A primeira condição é colocar-se o médium, com fé sincera, sob a proteção de Deus e solicitar a assistência do seu anjo de guarda, que é sempre bom, ao passo que os Espíritos familiares, por simpatizarem com as suas boas ou más qualidades, podem ser levianos ou mesmo maus.

A segunda condição é aplicar-se, com meticuloso cuidado, a reconhecer, todos os indícios que a experiência faculta, de que natureza são os primeiros Espíritos que se comunicam e dos quais manda a prudência sempre se desconfie [...].

Por isso é que indispensável se faz o estudo prévio da teoria, para todo aquele que queira evitar os inconvenientes peculiares à experiência.

(KARDEC, O *Livro dos Médiuns*, parte do item 211)

4
QUEM SÃO
NOSSOS FILHOS

Não conheceis o que a inocência das crianças oculta.
Não sabeis o que elas são, nem o que foram, nem o
que serão. [...] As crianças são os seres que Deus
manda a novas existências [...].
(*O Livro dos Espíritos*, trechos da pergunta 385.)

Somos seres preexistentes, todos fomos criados simples e ignorantes por Deus com a missão de progredirmos e nos aproximarmos Dele, conforme orientação recebida por Allan Kardec, constante da pergunta 115 de *O Livro dos Espíritos*.

Assim, temos que nossos filhos são espíritos que, como nós, tiveram várias encarnações e, como nós, buscam aproveitar essa encarnação para grandes conquistas visando o progresso espiritual.

Portanto, os espíritos que nos chegam na condição de filhos são espíritos com muitas experiências passadas, às vezes de maior capacidade intelectual e espiritual do que nós. As dificuldades que possam experimentar quando aqui chegam é própria da adaptação à nova experiência e devem ser amplamente amparados pelos seus pais ou por aqueles que assumem esse papel.

Bom seria que todos aqueles que estão nessas condições de tutores desses espíritos, que Deus nos coloca às mãos, tivessem essa ciência, pois encarariam a maternidade/paternidade como uma oportunidade sagrada de serem, além de cocriadores, instrutores dos espíritos que o Pai Maior nos confia, como oportunidade redentora, pois não é o acaso que reúne esse ou aquele espírito numa mesma família.

Essa tarefa vai requerer perseverança, esforço, boa vontade em também aprender coisas novas, que nos ajudem a exercer a maternidade/paternidade de forma a atingir os objetivos previamente acertados antes de reencarnarmos, para o fim de progredirmos juntos, pois todos trazemos qualidades já adquiridas e imperfeições de que ainda não nos livramos. E, como se diz comumente, quando nos chega um filho, esse não vem com o tão esperado manual de instruções.

Assim, o filho que nos chega, seja pelos meios biológicos ou pelos do coração, tem endereço certo e somos velhos companheiros de jornadas em busca da perfeição relativa, pois a absoluta é só de Deus.[1]

A tarefa é desafiadora, e isso me faz lembrar da experiência vivenciada por minha irmã e cunhado após adotar meu sobrinho, com dois aninhos, com autismo. Eles ouviram do psiquiatra em uma das consultas: "O

---

1 Vide *O Livro dos Espíritos*, pergunta 100, "Escala espírita".

caso é difícil. Já pensaram em devolvê-lo?" Ao que os pais disseram: "A quem devolveria meu filho biológico?"

Assim, o correto é afirmarmos que todos *renascemos* com um programa a ser cumprido e, no caso dos filhos, além do anjo guardião espiritual, deveriam encontrar nos pais seus anjos guardiães encarnados, que os ajudem nessa tarefa.

Portanto, nada de desânimo ou relutância, pois, uma vez concretizada a reencarnação, caminhemos firmes e unidos, buscando soluções para o fim almejado, que resultará em felicidades.

BUSCAI E ACHAREIS.
AJUDA-TE E O CÉU TE AJUDARÁ

1. "Pedi e se vos dará; *buscai e achareis*; batei à porta e se vos abrirá; porque todo aquele que pede recebe, quem procura acha, e se abrirá àquele que bater à porta.

Também, qual é o homem dentre vós que dá uma pedra ao filho quando lhe pede pão? Ou, se lhe pede um peixe, lhe dará uma serpente? Se, pois, sendo maus como sois, sabeis dar boas coisas aos vossos filhos, com quanto mais forte razão vosso Pai, que está nos céus, dará os verdadeiros bens àqueles que lhos pedem. (Mateus 7:7-11.)

2. Sob o ponto de vista terrestre, a máxima: "Buscai e achareis" é análoga a esta: "Ajuda-te, e

o céu te ajudará". É o princípio da *lei do trabalho*, e, por conseguinte, da *lei do progresso*, porque o progresso é filho do trabalho, e o trabalho coloca em ação as forças da inteligência."

(*O Evangelho segundo o Espiritismo*, de Allan Kardec, capítulo XXV, itens 1 e 2)

5
NOVOS TEMPOS – NOVA GERAÇÃO

Os dias atuais apresentam-nos pais preocupados e despreparados para lidar com os filhos que lhes chegam...

Somos unânimes em observar que vivemos momentos nunca antes vividos, em que transformações nos comportamentos mostram-se por todos os lados e chega-se a dizer que vivemos "o fim dos tempos"!

Para esclarecer esse assunto, vamos a Allan Kardec, em *A Gênese*, capítulo XVIII – "São chegados os tempos, Sinais dos tempos, A geração nova": "A Terra, no dizer dos Espíritos, não deve nunca ser transformada por um cataclismo, que aniquilaria subitamente uma geração. A geração *atual desaparecerá gradativamente* e a nova lhe sucederá do mesmo modo sem que nada troque a ordem natural das coisas". Portanto, essa mudança não se operará por cataclismos físicos, mas morais.

Mais adiante, no item 8, destacamos:

> Mas uma troca também radical como a que se elabora não pode acontecer sem comoção; *há luta inevitável entre as ideias*. Deste conflito, nascerão forçosamente perturbações temporárias até que o terreno seja desobstruído e o equilíbrio restabelecido. *É, pois, da luta de ideias que surgirão os graves acontecimentos anunciados*, e não de cataclismos, ou catástrofes puramente materiais. Os cataclismos gerais eram as consequências do estado de formação da Terra, atualmente não *são mais as entranhas do globo que se agitam, são as da humanidade*.

Também em *O Evangelho Segundo o Espiritismo*, o espírito Santo Agostinho, comentando sobre a progressão dos mundos, afirma: "O progresso é lei da natureza. A essa lei todos os seres da Criação, animados e inanimados, foram submetidos pela bondade de Deus, que quer que tudo se engrandeça e prospere".[1]

Esses livros de Kardec são bastante claros, mas observamos que de tempos em tempos somos alertados, como consta do Velho Testamento: "[...] Mas os mansos herdarão a terra e se deleitarão na abundância de paz" (Salmos 37:11), e há dois mil anos, com Jesus, que anunciou: "Bem-aventurados os mansos porque

---

1 *O Evangelho segundo o Espiritismo*, capítulo III, item 19.

herdarão a Terra" (Mateus 5:5), mas aqueles que aqui não encontrarem ressonância vibratória com o bem comum serão exilados para outros planetas, pois na "Casa de Meu Pai Há muitas moradas", conforme Jesus nos ensinou.[2]

Mas a bondade e o amor divinos trazem-nos esperança para aqueles que "não herdarem a Terra", que poderão retornar para essa escola bendita, depois do exílio que sofrerem, pois Jesus anunciou que, "das ovelhas que meu Pai me confiou, nenhuma se perderá" (Lucas 15:3-4).

E, corroborando esse pensamento, transcrevemos trecho de mensagem do espírito *Cairbar Schutel* contida no livro *A hora do Apocalipse*: "Quando os mansos herdarem a terra, cumprindo-se a promessa de Jesus, já não haverá lugar para os maus e os que, de qualquer forma, entravam o progresso espiritual da humanidade. Por absoluta incompatibilidade com a vibração evangélica dos bons e dos libertos, irão os mais automaticamente para as trevas exteriores. Delas *retornarão um dia* para a luz do Mestre, que não quer que ninguém se perca".[3]

Assim, observamos que essas verdades sempre nos foram apresentadas e, quando o Espiritismo pode falar em reencarnação ensina-nos que essa mudança irá ocorrer quando na Terra somente reencarnarão os espíritos que, ao longo de suas experiências, passaram

---

2 João 14:1-3 e *O Evangelho segundo o Espiritismo*, capítulo III, item 1.
3 Edgard Armond. *A hora do Apocalipse*. São Paulo: Aliança, set. 1985. p. 130.

a vibrar na faixa do amor, da compreensão, da caridade, da fraternidade e da liberdade.

Retornando a Kardec, em *A Gênese*, sobre uma nova geração, ele afirma que a ela caberá fundar a era do progresso moral: "A nova geração, criará a era do progresso moral, que se distingue por uma *inteligência* e uma razão, geralmente, precoces, ajuntadas ao sentimento inato do bem e das crenças espirituais...".

Não é isso que temos visto com as nossas crianças, que nos causam tanto espanto ante essas inteligências tão adiantadas?

Os profissionais especializados no comportamento humano, desde a década de 1970, vêm estudando as mudanças que se operam na criatura humana.

Surgem classificações patológicas como transtorno de déficit de atenção (TDA) e transtorno de déficit de atenção e hiperatividade (TDAH), ou seja, crianças e jovens rebeldes, que não se submetem às regras impostas, surgindo também, desse modo, medicamentos para atuar no sistema nervoso central, como a Ritalina, "a droga da obediência", ou seja, a criança muda de comportamento, tornando-se mais obediente.

Reconhecida internacionalmente, Nancy Ann Tape (1932-2012), em sua obra *Compreenda a sua vida através da cor,* lançada em 1982, provavelmente dotada de visão mediúnica, identificou nessas crianças uma aura[4] de coloração azul forte, como o índigo,

---

4 A *aura* (do termo latino *aura*) é considerada por diversas culturas, religiões e linhas de estudo espiritualistas um campo de energia extrafísica que envolveria seres vivos. Disponível em:
https://pt.wikipedia.org/wiki/Aura. Acesso em: 05 jul. 2022.

nome de uma planta indiana que fornece coloração ao *jeans*; chamou-as, desse modo, de crianças *índigo*.

Pesquisadores e estudiosos do comportamento humano identificaram que crianças irrequietas, não necessariamente com as patologias TDA e TDAH, que apresentam alta capacidade mental, e igualmente apresentam aura índigo, necessitam ser bem orientadas.

Esse grupo foi dividido em quatro tipos especiais: 1) humanistas, 2) artistas, 3) conceptuais e 4) interdimensionais.

Sobre esse último grupo, o dos interdimensionais, o médium Divaldo Pereira Franco,[5] em entrevista, afirma que essas crianças apresentam clarividência[6] desde os primeiros anos de vida e são portadoras de reminiscências de outras vidas. Assim, é comum ouvir delas: "Você não é meu pai", "Não sou daqui", ou seja, elas têm *flashes* que vêm do seu inconsciente profundo.

Igualmente, foram identificadas crianças que apresentam aura clara, chamadas de crianças *cristais*, essas mais meigas e dóceis, embora só queiram fazer o que lhes apraz. São rebeldes, possuindo características das crianças da Nova Era.

O médium Divaldo, em parceria com Vanessa Anselon, por meio da orientação de amigos espirituais,

---

5 Informações baseadas em entrevista de Divaldo Pereira Franco ao programa televisivo *O Espiritismo Responde*, da União Regional Espírita – 7ª Região, Maringá, em 21 de março de 2007. Disponível em: http://www.divaldofranco.com.br/noticias.php?not=42. Acesso em: 9 mar. 2022.

6 Kardec define clarividência como a faculdade de ver à distância sem o emprego dos olhos físicos. (*O Livro dos Espíritos*)

relata no livro *A nova geração: a visão espírita sobre as crianças índigo e cristal*, da editora Leal, que as primeiras que apresentarão altos níveis de intelectualidade seriam as cristais, sendo ao mesmo tempo intelectualizadas e moralmente elevadas. O espírito Manoel Philomeno de Miranda, no livro *Transição planetária*, também com psicografia de Divaldo (da editora Leal), afirma que desde a década de 1980 elas já estão entre nós.

Divaldo nos conta que os profissionais que estudam o comportamento dessas novas crianças afirmam que para os pais é uma honra tê-las, mas um grande desafio conviver com elas. Resumindo, afirma que são afetuosas, mas tecnicamente rebeldes, sendo conquistadas pela ternura.

Tais informações têm a lógica apresentada há mais de 150 anos por Kardec,[7] em *A Gênese*: "Essa geração nova, portanto, se distinguirá por uma precoce inteligência e razão, juntas ao sentimento inato do bem e das crenças espiritualistas, constituindo um sinal indiscutível de um adiantamento anterior". E acrescenta: "Não será nunca composta exclusivamente de Espíritos eminentemente superiores, mas dos que, tendo já progredido, estão dispostos a assimilar todas as ideias progressivas e aptas a secundar o movimento regenerador".

São crianças que devemos educar apelando para a lógica, para o bom senso; devem ser orientadas, esclarecidas, repetidas vezes.

7 *A Gênese, os milagres e as predições segundo o Espiritismo*. As predições. Capítulo XVIII – "São chegados os tempos". A geração nova.

Divaldo ainda nos orienta: "Voltarmos aos dias da educação doméstica, quando nossas mães nos colocavam no colo, falavam conosco, ensinavam-nos a orar, orientavam-nos nas boas maneiras, nas técnicas de uma vida saudável, nos falavam de ternura e nos tornavam o coração muito doce, são os métodos para tratar as modernas crianças, todas elas, índigo, cristal ou não".[8]

DIFICULDADES EM OBTER FRUTOS, IMEDIATOS, COM O EXERCÍCIO DA MEDIUNIDADE

Inúmeros companheiros de lides espiritistas queixam-se, amiúde, dos parcos resultados que colhem do exercício da mediunidade.

Afirmam que, não obstante frequentarem reuniões específicas para a educação da mediunidade, os tentames encetados durante vários anos a fio não produzem os frutos esperados.

Os que lograram algum efeito positivo informam que as comunicações recebidas não passam de trivialidades, quer no fundo quanto na forma.

---

8 Indicamos também a leitura do artigo acessando o site mencionado a seguir, de Richard Simonetti (10-10-1935 | 3-10-2018 (Bauru/SP)), que foi escritor, palestrante espírita, colaborador assíduo de jornais e revistas espíritas, tendo percorrido todos os estados brasileiros e alguns países em palestras de divulgação da Doutrina Espírita. Escreveu 65 livros. Disponível em: http://www.espiritualidades.com.br/Artigos/S_autores/ SIMONETTI_Richard_tit_Criancas_indico-As.htm. Acesso em: 20 mar. 2022.

Todos esclarecem que esperavam uma colheita estimulante, podendo demonstrar, sem qualquer dúvida, a procedência extrafísica das mensagens, a interferência mais evidente dos Espíritos desencarnados.

Como efeito, entremostram-se desanimados, duvidosos, com receios que não se justificam.

A mediunidade, como é compreensível, varia de indivíduo para indivíduo, sendo mais expressiva nuns do que noutros, portadora de características e peculiaridades especiais programadas para objetivos correspondentes.

Cada médium está incurso numa tarefa a que se deve adaptar, perseguindo os objetivos do próprio aprimoramento e contribuindo para o bem geral.

Graças ao passado espiritual de cada qual, variam as potencialidades psíquicas, não havendo, portanto, dois médiuns iguais, como iguais não existem comportamentos e realizações noutros setores de atividades morais.

A educação da mediunidade exige a aplicação de recursos que dependem do próprio candidato, a benefício de si mesmo.

O fenômeno espontâneo, natural, irrompe sem que se estabeleçam condições antecipadas. Todavia, quando se deseja desdobrar os recursos mediúnicos e canalizá-los corretamente, o estudo consciente da doutrina espírita se apresenta como condição primeira, inadiável.

Concomitantemente, a reforma moral do aprendiz e o esforço pela vivência dos ensinamentos evangélicos numa edificante atividade de socorro fraternal, atraem a atenção dos Bons Espíritos que se dispõem a contribuir, por sua vez, no desdobramento dos labores a que se candidata.

A perseverança no compromisso e o recolhimento íntimo, com desapego natural das paixões inferiores e dos artifícios secundários da vida social com suas questiúnculas e condicionamentos, produzem uma liberação das matrizes dos registros psíquicos aos quais se adaptam as tomadas mentais dos Benfeitores desencarnados, estabelecendo-se um seguro intercâmbio que se fará mais pleno e fiel à medida que se depure e se eleve o médium através da vivência dos postulados espirituais.

A mediunidade colocada a serviço de Jesus deve ser adaptada ao programa que se origina no mundo espiritual, tornando o medianeiro dócil e submisso ao trabalho superior, evitando impor-se, exigir condições especiais e resultados rápidos que apressem levar à promoção pessoal, ao sucesso, ao relevo e ao aplauso.

Tenha-se em mente, que o trabalho, na mediunidade espírita consciente, ainda é sacrificial, de renúncia e evolução, embora os que se devem afadigar no labor dignificante não se queixem, não o confessem, não relatem as dores e dificuldades sofridas, essas lapidadoras abençoadas da vida. Por fim, a conduta do aprendiz da mediunidade deve ser sempre a mesma, disciplinada e moralizada, em particular como em público, durante as reuniões especializadas ou fora delas, médium que é em toda circunstância, atraindo companhias conforme a direção mental que projete e a psicosfera em que se movimente.

Batuíra

(Do livro *Terapêutica de emergência*, espíritos diversos, psicografia de Divaldo P. Franco. 1983. Salvador: Leal, 1983.)

Por que permitem os Espíritos Superiores que pessoas dotadas de grande poder, como médiuns, e que muito de bom poderiam fazer, sejam instrumentos do erro?
"Os Espíritos de que falas procuram influenciá-las; mas, quando essas pessoas consentem em ser arrastadas para mau caminho, eles as deixam ir. Daí o servirem-se delas com repugnância, visto que a verdade não pode ser interpretada pela mentira."
(Allan Kardec, *O Livro dos Médiuns*, capítulo XX, item 226.)

6

CRIANÇAS QUE SE LEMBRAM DE OUTRAS REENCARNAÇÕES

Podemos ter algumas revelações a respeito de nossas vidas anteriores? "Nem sempre. Contudo, muitos sabem o que foram e o que faziam. Se se lhes permitisse dizê-lo abertamente, extraordinárias revelações fariam sobre o passado."
(*O Livro dos Espíritos*, questão 395.)

O conceito de reencarnação está impregnado de fé e misticismo. Mas a multiplicação de relatos impressionantes de lembranças e marcas de vidas passadas atrai cada vez mais o interesse da ciência.

O professor Ian Stevenson, falecido em 2007, cientista e professor de Psiquiatria da Universidade de Virginia, nos Estados Unidos, reuniu mais de 2.600 casos, datados desde 1961, tendo sido um dos mais importantes pesquisadores na temática de outras reencarnações.

O dr. Stevenson também publicou um livro de 2.300 páginas: *Reincarnation and Biology: A Contribution to the Etiology of Birthmarks and Birth Defects* [Reencarnação e biologia: uma contribuição à etiologia das marcas e defeitos de nascença], infelizmente sem tradução para o português, que comprova a reencarnação por meio das mencionadas marcas de nascença, em que inúmeras crianças traziam marcas semelhantes à de parentes já falecidos e inconfundíveis traços de personalidade desses parentes, tudo levando a crer se tratar dos mesmos espíritos numa roupagem física nova.

O dr. Jim Tucker, também professor de Psiquiatria e Ciências Neurocomportamentais da Universidade de Virginia, há décadas se dedica ao estudo de casos de crianças que se lembram de outras encarnações. Autor do livro *Vida antes da vida*, ele apresenta uma visão de mais de quarenta anos de investigação sobre a reencarnação.

Antes desses estudos, essas manifestações eram consideradas "distúrbios mentais"; depois ganhou eco a explicação de que muitos desses sintomas poderiam ser evidências de existências passadas.

No Brasil, podemos citar o estudioso Hernani Guimarães Andrade, com o livro *Reencarnações no Brasil*, que conta o caso de uma menina paulistana, identificada apenas como Simone. Nos anos 1960, quando tinha então pouco mais de um ano, ela começou a pronunciar palavras em italiano, sem que ninguém a tivesse ensinado. Passou também a relatar lembranças que remontavam à Segunda Guerra Mundial. Seu relato era tão vívido, que familiares se renderam à ideia de que fragmentos de uma encarnação passada ainda pairavam em sua mente. As recordações pararam de jorrar quando a menina tinha por volta de três anos.

Muitos gostariam de se lembrar, mas Kardec nos orienta que "A lembrança de nossas individualidades anteriores teria gravíssimos inconvenientes. Poderia em certos casos humilhar-nos extraordinariamente; em outros, exaltar o nosso orgulho e por isso mesmo entravar o nosso livre-arbítrio. Deus nos deu, para nos melhorarmos, justamente o que nos é necessário e suficiente; *a voz da consciência e nossas tendências instintivas, tirando-nos aquilo que poderia prejudicar-nos*".[1]

Essas lembranças nos ajudam a compreender que somos resultado de uma sucessão de reencarnações, oportunidades que Deus nos oferta para aproveitarmos cada uma como escola e conquistas para o espírito eterno que somos todos nós. Importante que se diga que essas lembranças não caracterizam mediunidade, posto que esta envolve um espírito emissor, que envia uma mensagem, e um ser encarnado, receptor, que decodifica a mensagem, ou seja, passa a ser intérprete do emissor. Os casos de lembranças de vidas passadas chamamos de uma condição anímica: a própria alma lembrando-se de suas experiências vividas.

AMOR NA REENCARNAÇÃO

Talvez seja este afeto a saudade da vida
Que minh´alma viveu e que sabe de cor
Uma vaga noção de outra melhor, vivida
De maneira melhor, noutro tempo melhor

---

1 *O Livro dos Espíritos*, questões 392 e seguintes, Esquecimento do passado.

Quem sabe se essa de hoje outra vida concerne?
Só meu afeto não sofreu alteração
Talvez foras, outrora, a seiva do meu cerne,
A força vegetal que me ergueu na amplidão.

Talvez, eu fora arbusto, ou semente, ou raiz,
Um ramo espanejando a grenha verde no ar
E tu foras a flor que eu sustentei feliz,
Como um halo de luz dourada a me coroar.

Minha vida resume um passado nevoento
Que de transformação veio em transformação
Foras nuvem e eu fora asa leve de vento
E, talvez, este amor seja recordação.

(Lauro Savastano Fontoura, poeta mineiro de Uberaba.)

7
A CRIANÇA MÉDIUM – QUANDO A MEDIUNIDADE CHEGA CEDO

Como se estudou antes, mediunidade é a faculdade humana natural pela qual se estabelecem as relações entre os homens e os espíritos, portanto, é muito natural que se apresente desde criança, pois as crianças são espíritos em experiências no mundo material, em processo de desenvolvimento físico, intelectual e moral.

Vamos dividir as fases da infância para melhor compreensão do tema.

NA FASE DE BEBÊ

O médium ostensivo desde cedo apresentará situações que pais atentos logo identificarão como algo além acontecendo com aquele bebezinho.

O professor Herculano Pires, no livro *Mediunidade*,[1] esclarece que as crianças possuem a mediunidade "à flor da pele", sendo resguardadas pela ação protetora de espíritos amigos, que as religiões chamam de anjo da guarda, a fim de que no momento certo ela seja direcionada para o bem.

Muito embora haja essa proteção, às vezes surgem situações que denotam que o bebê tem uma sensibilidade maior, e é comum esse bebê, ressentido do ambiente espiritual do lar, de pessoas que venham visitá-lo, responder com choro e noites insones, e os pais, impotentes para arranjar uma solução, acabarem se desesperando.

Há que se alertar que o ambiente da casa é fator importante para o bem-estar desse serzinho tão sensível. Trataremos mais à frente desse assunto em pormenores.

Os pais, sem saber mais o que fazer, após orientação do pediatra, que nada encontra de errado – ou, se encontra, mesmo com o bebê medicado, não obtém nenhum resultado –, céticos e ignorando a dimensão espiritual da situação, trocam de médico, na esperança de que um remediozinho mágico solucione a situação, mas em vão.

O choro angustiante do bebê obriga os pais, muitas vezes, a rever todos os seus conceitos de matéria e espírito, vida e morte. Normalmente os avós, mais experientes, buscam orientar no sentido de se obter ajuda espiritual, para compreender a situação e aliviar o tormento tanto dos pais quanto do bebê.

---

1 J. Herculano Pires. *Mediunidade*. 2. ed. São Paulo: Paideia, 1992. Capítulo I.

É claro que o tratamento espiritual não dispensa ajuda médica, mas, se a causa for espiritual, não se logrará êxito nesta maratona de consultórios a serem procurados. Descartada a causa física, os pais acabam por se render às espirituais – nada mais sensato e prudente, lembrando sempre que a criatura humana deve ser encarada não somente na condição física, mas também na espiritual, já que ambas se complementam.

PASSADA A FASE DE BEBÊ

Na fase em que a criança já consegue se expressar, é comum os pais relatarem que os filhos denunciam a presença de espíritos, muitas vezes familiares que nos precederam na vida espiritual.

Alguns têm amigos "invisíveis" e há relatos de crianças que se lembram de sua última encarnação, a exemplo da médium Yvonne do Amaral Pereira.[2]

Na maioria dos casos, quando passam dos sete ou oito anos, as crianças se integram melhor ao condicionamento da vida terrena, desligando-se progressivamente das relações espirituais e dando mais importância às relações com os encarnados. Considera-se então que elas não têm mediunidade a ser trabalhada e, não raro, a fase anterior é levada à conta do imaginário infantil.

Caso isso perdure após essa idade, caberá aos familiares responsáveis pela criança lidarem com esse

---

2 Ver mais em Pedro Camilo. *Yvonne Pereira: uma heroína silenciosa*. Bragança Paulista (SP): Lachâtre, 2005.

fenômeno, e que saibam da necessidade de buscarem nas obras básicas do Espiritismo conhecimento para descobrir como esclarecer melhor o portador desse sexto sentido, explicando o que acontece com ele.

É importante explicar que o que se vê não são demônios nem espíritos maus, necessariamente, mas seres que vivem em outra dimensão, e o tratamento espiritual, com passes, que a casa espírita oferece é ideal para a manutenção do equilíbrio, até o momento de colocar em prática essa mediunidade.

Os pais devem lembrar que, quando ainda pequenas, a estruturação neurológica e psicológica das crianças não comporta o exercício mediúnico, mas não deverão se esquecer de orientá-las e conduzi-las a entender o que se passa com elas de maneira natural, já que mediunidade é uma condição física.

Falaremos um pouco mais em capítulo à frente.

> "171. A faculdade de ver os Espíritos pode, sem dúvida, desenvolver-se, mas é uma das que convém esperar o desenvolvimento natural, sem provocar, em não se querendo ser joguete da própria imaginação. Quando o germe de uma faculdade existe, ela se manifesta de si mesma."
> (Allan Kardec, *O Livro dos Médiuns*.)

ALERTA A TODOS OS MÉDIUNS

É no bojo das dificuldades que o médium tem que vencer...

Abraçando a mediunidade, espere, ao seu derredor, o recrudescimento dos problemas.

Eles serão tantos que, por vezes, os associará com a mediunidade em si, acalentando, não raro, a ideia de fuga ao compromisso.

É que as forças que, na Terra, pelejam contra a Luz intentarão anular os seus esforços no Bem.

Interporão em seu caminho obstáculos sem fim.

E, com tenacidade, procurarão desmotivá-lo, inoculando-lhe pensamentos de rejeição à mediunidade. *Alerta!...*

(Do livro *Ser médium*, pelo espírito Odilon Fernandes, de Carlos A. Baccelli.)

"Com a Doutrina Espírita, tudo está definido, tudo está claro, tudo fala à razão; em uma palavra, tudo se explica, e aqueles que se aprofundaram em sua essência nela hauriram uma satisfação interior à qual não querem mais renunciar."
(Allan Kardec, Sociedade Parisiense de Estudos Espíritas, discurso de encerramento do ano social 1858-1859.)

8
QUANDO O MÉDIUM DEVE INICIAR SUA TAREFA

Allan Kardec, em *O Livro dos Médiuns*, questiona a espiritualidade superior sobre qual seria a idade ideal para o desenvolvimento da mediunidade e quais seriam seus inconvenientes, ao que a espiritualidade afirma, em linhas gerais, que, se a mediunidade for espontânea, não há nenhum perigo para a criança, indo além ao declarar: "é que [a mediunidade] pertence à sua própria natureza e que a sua constituição é adequada". Mas alerta-se que, por outro lado, caso não se apresente espontaneamente, tentar fazer com que a criança a desenvolva precocemente torna-se perigoso e, portanto, não recomendado.

Durante todo o período em que participo do trabalho de Evangelização Infantil na casa espírita, há mais de quarenta anos, pude conversar com muitos pais que nos procuravam em função de visões e audições de espíritos por parte dos filhos pequenos, e é interessante que a maioria fica fascinada pela possibilidade de ter um médium em casa, acreditando ser uma condição que os distinga perante as demais crianças, o que o estudo vem esclarecer: não é o caso.

É importante que os pais não se deixem envolver pela crença de que a mediunidade é uma distinção especial nem, por outro lado, pelo preconceito que os impeça de conhecer o assunto, para dar apoio à criança sobre como lidar com essa faculdade mediúnica.

O querido médium Francisco Cândido Xavier, nosso paradigma quando se fala em mediunidade, teve sua primeira experiência mediúnica aos cinco anos, quando sua mãe faleceu e em espírito passou a visitá-lo, pois, órfão, começou a sofrer com a solidão desse amor, além dos sofrimentos próprios desse período. Assim, sua mãe vinha orientá-lo para que superasse esse momento.

Esses relatos de comunicação com espíritos revelam que a mediunidade é comum na infância. E os pais precisam aprender a lidar com a situação, nem ignorando nem incentivando, a fim de não submeter os filhos a qualquer excitação prematura das faculdades psíquicas, que se desenvolverão no tempo devido.

Importante lembrar que a prática da mediunidade não deve ser incentivada antes do amadurecimento próprio, com a seriedade e a responsabilidade que devem caracterizar esse intercâmbio entre os dois lados da vida.

Não esquecer de que o médium será o *intérprete* da espiritualidade, e isso demanda *maturidade, conhecimento e treino.*

Kardec, em *O Livro dos Médiuns*, capítulo XIX, questão 225, afirma: "Ainda que o pensamento lhe seja completamente estranho, ainda que o assunto fuja do quadro em que o médium se mova habitualmente, ainda que o que queremos dizer não provenha, de nenhum modo, dele, ainda assim *o médium influencia a forma pelas qualidades, as propriedades que são adequadas à sua individualidade*".

E o espírito Odilon Fernandes[1], citado no livro *Sob as cinzas do tempo*[2], em seu capítulo 32, esclarece: "A mente do medianeiro – o seu psiquismo – é uma espécie de arquivo que os desencarnados *consultam para*, com maior facilidade, saberem notícias do nosso plano existencial. Quanto *mais ilustrado* o medianeiro, *menos obstáculos nas comunicações* de ordem intelectual... O fenômeno mediúnico em si acontece em nível da alma do médium, envolvendo, digamos, subconsciente, consciente e superconsciente".

Os Espíritos Superiores vêm nos alertando de que o médium é intérprete da espiritualidade, não uma mera máquina repetidora, embora sempre com as

---

1 Doutor Odilon Fernandes, professor na Faculdade de Odontologia em Uberaba, onde desenvolveu um trabalho no campo social e na divulgação do Espiritismo, o trecho refere-se a uma conversa entre ele e Dr Inácio Ferreira.

2 *Sob as Cinzas do Tempo*, ditado pelo espírito Inácio Ferreira, psicografia Carlos Baccelli. Votuporanga (SP): Casa Editora Espírita "Pierre-Paul Didier", 2001.

"tintas da parceria", pois as mentes se interconectam e muitos elementos concorrem, como boa vontade, estudo, dedicação e compromisso moral com o bem, para que a sintonia do médium seja com espíritos bondosos e para que possam cumprir a mediunidade com e para Jesus.

Os processos mediúnicos, na fase da infância, só devem contar com a intervenção de preces e passes, para abrandar as excitações naturais da criança, quase sempre carregadas de reminiscências de vidas passadas.

Até que a criança e o jovem possam exercer a mediunidade com segurança, é responsabilidade dos pais criar condições satisfatórias a essa ligação com o superior de modo equilibrado, a começar com a manutenção do ambiente do lar higienizado físico e espiritualmente, bem como encaminhar a criança à casa espírita, que detém todas as condições de ofertar ambiente de aprendizado, como a Evangelização Infantojuvenil e, se necessário, tratamento espiritual até que, em *época própria*, esses fenômenos voltem a aflorar em condições de maturidade física e mental, permitindo o bom uso de suas forças mediúnicas.

Essa faculdade, se bem orientada, trará benefícios e alegrias não só para a família consanguínea, mas também para a família universal. É o que temos testemunhado.

> "Médium é o ser, é o indivíduo que serve de traço de união aos espíritos, para que estes possam comunicar-se facilmente com os homens."
> (Erasto, *O Livro dos Médiuns*, capítulo XXII, item 236.)

O LIVRO DOS MÉDIUNS, CAPÍTULO XVIII, QUESTÃO 221

Item 6. "Será inconveniente desenvolver a mediunidade das crianças?"

Certamente. E sustento que é muito perigoso. Porque estes organismos frágeis e delicados seriam muito abalados e sua imaginação infantil muito superexcitada. Assim, os pais prudentes as afastarão dessas ideias, ou pelo menos só lhes falarão a respeito no tocante às consequências morais.

Item 7. "Mas há crianças que são médiuns naturais, seja de efeitos físicos, de escrita ou de visões. Haveria nesses casos o mesmo inconveniente?"

Não. Quando a faculdade se manifesta espontânea numa criança, é que pertence à sua própria natureza e que sua constituição é adequada. Não se dá o mesmo quando a mediunidade é provocada e excitada. Observe-se que a criança que tem visões geralmente pouco se impressiona com isso. As visões lhe parecem muito naturais, de maneira que ela lhes dá pouca atenção e quase sempre as esquece. Mais tarde a lembrança lhe volta à memória e é facilmente explicada, se ela conhecer o Espiritismo.

Item 8. "Qual a idade em que se pode, sem inconveniente, praticar a mediunidade?"

Não há limite preciso na idade. Depende inteiramente do desenvolvimento físico e mais particularmente do desenvolvimento psíquico. Há crianças de doze anos que seriam menos impressionadas que algumas pessoas já formadas. Refiro-me à mediunidade em geral, pois a de efeitos físicos é mais fatigante para o corpo. Quanto à escrita há outro inconveniente, que é a falta de experiência da criança, no caso de querer praticá-la sozinha ou fazer dela um brinquedo.

(Allan Kardec. *O Livro dos Médiuns.*)

9
QUAL É O MELHOR PERÍODO PARA SE DAR INÍCIO À EDUCAÇÃO MEDIÚNICA?

A partir de qual idade podemos constatar a possibilidade da mediunidade em uma criança? Como devem os pais se comportar diante dessa constatação?

Não existe uma idade certa. As manifestações mediúnicas ocorridas com médiuns como Chico Xavier, Divaldo Pereira Franco, Yvonne do Amaral Pereira, dentre tantos que conhecemos no movimento espírita, deram-se desde tenra idade (vide livro *Recordações da mediunidade*, no caso de Yvonne), mas a *prática* da mediunidade não deve ser incentivada antes do amadurecimento condizente com a seriedade e a responsabilidade próprias do intercâmbio entre os dois lados da vida, como vimos com o próprio Chico em páginas anteriores.

Até lá, o tratamento espiritual com passes, água fluidificada, efetuado na casa espírita, dará subsídios para afastar visões, audições, que voltarão a aflorar mais tarde em condições de maturidade física e mental, permitindo o bom uso de suas forças mediúnicas.

Como vimos anteriormente, no caso de Chico Xavier, aos dezessete anos ele recebeu a visita do espírito Isabel de Aragão, convidando-o à caridade e ao trabalho de escrita, mas sem especificar como.

Na leitura das inúmeras biografias de nosso querido médium, lê-se que, ainda jovem, ele foi visitado espiritualmente por um espírito que se apresentou como um jovem majestoso e brilhante, com vestes de sacerdote, anunciando-lhe que seria responsável pela sua tarefa mediúnica. Esse jovem era Emmanuel.

Os trabalhos de Chico e Emmanuel, entretanto, só começaram mais tarde, no final de 1931, quando Chico já detinha mais maturidade espiritual.

> Uma tarde o médium descansava debaixo de uma árvore, próximo a um açude, na saída de Pedro Leopoldo, quando viu um espírito se aproximar. Vestia-se com uma túnica semelhante à dos padres e indagou se ele, Chico, estava resolvido a utilizar sua mediunidade na difusão do Evangelho de Jesus. Chico assentiu, perguntando se Emmanuel o achava em condições.
>
> "Perfeitamente. Desde que você procure respeitar os três pontos básicos para o serviço."

Quando ele, Emmanuel, voltou a aparecer para ele, dizendo: "1º: disciplina; 2º: disciplina e o terceiro: disciplina." [...] "Desde que Emmanuel assumiu o comando de minhas faculdades, tudo ficou mais claro, mais firme. Ele apareceu em minha vida mediúnica, assim como alguém que viesse completar a minha visão real da vida".[1]

A parceria entre eles foi tão forte que, em entrevista, Chico chegou a garantir que Emmanuel[2] era para ele como um pai espiritual, que tolerava suas faltas, o tratava com o carinho e a bondade necessária, repetindo as lições que ele precisava aprender.

Portanto, se você tem uma criança ou jovem que apresenta comportamentos mediúnicos, encaminhe-o a uma casa espírita séria, comprometida com o tratamento espiritual, o estudo e o Evangelho de Jesus, e aguarde a ação dos bons espíritos, que na hora certa a tarefa se iniciará.

Chico sempre dizia: o "telefone sempre toca de lá para cá", numa menção de que essa tarefa depende dos espíritos, que aguardam que o médium esteja

---

1 Anuário Espírita 2010 IDE, em comemoração aos 100 anos com Chico Xavier. Um homem chamado amor, editora Araras (SP), p. 22-23. E também CHICO XAVIER, filme brasileiro de 2010, do gênero drama biográfico, dirigido por Daniel Filho, com roteiro de Marcos Bernstein baseado no livro *As Vidas de Chico Xavier*, de Marcel Souto Maior. Sua estreia foi no dia 2 de abril de 2010. Em 6 de maio de 2010, havia sido visto no cinema por três milhões de pessoas.

2 Apresenta-se na personalidade de um padre, pois, nesta mesma página 23, há informação passada por Chico de que a última encarnação de Emmanuel fora como o jesuíta Manoel da Nóbrega, um dos fundadores da cidade de São Paulo.

preparado ao mister previamente estabelecido antes do reencarne no mundo espiritual.

Assim, observamos que vitoriosa será a tarefa mediúnica que obedece a princípios lógicos, sérios, com disciplina, estudo, sem pressa, devendo ter-se o cuidado de se manter equilibrado espiritualmente, a fim de facilitar o intercâmbio com bons espíritos.

> O que nos pede Jesus: "Orai e vigiai" (Mateus 26:41).

Pais e responsáveis de crianças e jovens: essa tarefa é também sua.

CHICO XAVIER E ISABEL DE ARAGÃO

Não é novidade para os espíritas e simpatizantes que o início da convivência de Francisco C. Xavier com o mundo espiritual tivesse se dado desde tenra idade, quando via sua mãe desencarnada, que o acalentava ante sua orfandade, informações presentes inclusive na representação do filme em sua homenagem.

Relatamos a seguir, sinteticamente, o que colhemos em livros, que indicamos em nota[3], contendo

---

3 Francisco Cândido Xavier e Caio Ramacciotti. *Mensagens de Inês de Castro*. São Bernardo do Campo (SP): GEEM, 2006, p. 208-11; Carlos A. Baccelli. *O Evangelho de Chico Xavier*. Votuporanga, SP: Casa Editora Espírita "Pierre-Paul Didier", 2021.

o relato de experiências do então jovem Chico Xavier, bem como as orientações recebidas de espírito iluminado, principalmente quanto aos escritos futuros e seu compromisso com a caridade, que deveria permear sua vida.

Morava então em Pedro Leopoldo, Minas Gerais, e, na noite de 10 de julho de 1927, Chico, ajoelhado, fazia as orações da noite diante da imagem de Nossa Senhora do Pilar, quando seu quarto foi envolvido por uma luz de um lilás prateado, e ele divisou uma senhora que olhava para a imagem e em seguida começou a falar com Chico em castelhano. Ele, mesmo sem conhecer esse idioma, compreendeu a mensagem; de forma pausada, ela lhe disse que, em nome de Nosso Senhor Jesus Cristo, vinha solicitar-lhe auxílio em favor dos pobres, nossos irmãos.

A emoção envolveu o jovem médium, que lhe indagou:

— Senhora, quem sois vós?

— No momento, você não se lembra de mim, mas eu sou Isabel, Isabel de Aragão.

O rapaz pensou: "Não conheço nem conheci nenhuma senhora com esse nome", e lhe disse:

— Senhora, sou pobre, nada posso dar a ninguém. Como ajudarei pobres mais pobres que eu mesmo?

A iluminada senhora respondeu-lhe:

— Você será nosso ajudante na repartição de pães com os pobres.

– Senhora, quase rotineiramente não tenho pão para mim mesmo. De que modo repartirei com os outros o que não tenho?

– Os tempos chegarão e você terá os recursos necessários; *escreverá* para a nossa gente peninsular, trabalhará por Jesus *sem receber vantagens materiais* pelas páginas que escreverá e nós providenciaremos para que a Espiritualidade Superior lhe dê recursos para começar o trabalho. Vamos confiar na bondade de Deus.

Após essas palavras, desapareceu. Desse momento até o amanhecer, o jovem Chico chorou pela emoção daquele (re)encontro.

Aqui observamos que, mesmo o espírito falando em língua estranha ao médium, em espírito, ele a compreendia, posto que em seus arquivos de memórias, como espírito eterno que somos todos nós, essa língua já lhe era conhecida de vidas passadas. Mas importante deixar essa explicação da xenoglossia.[4]

Quinze dias após, novamente em suas orações noturnas, Chico recebeu a visita de um espírito que se vestia como um padre e lhe disse que se chamava Fernão Mendes e que, no século XIV, havia sido um dos confessores da Rainha Santa, D. Isabel

---

4 Xenoglossia significa o termo – língua estranha. Os médiuns que possuem essa mediunidade, quando em transe, compreendem, falam idiomas que lhes são inteiramente desconhecidos e, muitas vezes, desconhecidos dos presentes.

de Aragão,[5] que desenvolveu elevadas iniciativas de beneficência e instrução em Portugal e Espanha.

O enviado de Isabel continuou afirmando que desde então ela protegia todas as obras de caridade e educação na Espanha e em Portugal, e que fora ela quem o visitara há alguns dias, nas preces da noite, e prometera-lhe assistência.

– Isabel me recomendou dizer que não lhe faltarão recursos para a distribuição de pães aos necessitados. Confiemos em Jesus e trabalhemos na sementeira do bem.

Depois disso, desapareceu.

A partir do primeiro sábado que se seguiu a essa visita, Chico e sua irmã Luiza foram até uma ponte onde paravam mendigos, levando-lhes uma cesta com oito pães.

Interessante que na primeira aparição Chico ficou paralisado, emocionou-se, mas precisou de outro emissário para alertá-lo da tarefa. Como todos nós, primeiro a dúvida, depois a confiança e em seguida a ação.

Desde então, até deixar-nos em 30 de junho de 2002, Chico manteve a distribuição semanal

---

5 Isabel de Aragão (1271-1336), a Rainha Santa Isabel ou Rainha Santa, casou-se em 1288 com o rei Dinis I (1261-1325) de Portugal. O casal teve dois filhos: Constança (1290-1313) e Afonso IV (1291-1357). Após a morte do esposo, Isabel de Aragão recolheu-se no Convento de Santa Clara (a Velha), em Coimbra; construiu mosteiros e hospitais e, embora tenha vestido o hábito das Irmãs Clarissas, não fez os votos. Isabel faleceu de peste no castelo Estremoz, e seu corpo foi encontrado incorrupto, e está em túmulo de prata e cristal. Beatificada pelo papa Leão X em 1516 e canonizada pelo papa Urbano VIII em 1625, Isabel de Aragão é padroeira da cidade de Coimbra e sua festa acontece em 4 de julho.

de pães a crianças, famílias e idosos carentes de Pedro Leopoldo e Uberaba, cidades onde desenvolveu seu apostolado. E, além do que previu o espírito iluminado Isabel, ele escreveu para além "das gentes peninsulares", para todo o mundo, tendo seus 450 livros traduzidos, a maioria para trinta línguas estrangeiras.

> "Fora da caridade não há salvação!"
> (Allan Kardec, *O Evangelho segundo o Espiritismo,* capítulo 15.)

AOS MÉDIUNS PRINCIPIANTES

Para lograr a harmonia, o estudo sistemático da Doutrina Espírita e o exercício do bem, conforme as leis morais que regem a vida, tornam-se de alta valia. O estudo oferece o conhecimento das leis que estabelecem a ordem e a harmonia, ao mesmo tempo elucida quanto ao mecanismo de que se constituem as relações entre os encarnados e os desencarnados. O exercício do bem favorece a educação dos sentimentos, desenvolvendo as faculdades morais que, por sua vez, permitem mais valioso intercâmbio, caracterizando-o pela qualidade superior do seu conteúdo.

(*Intercâmbio mediúnico,* do espírito João Cléofas, psicografia de Divaldo Pereira Franco. 7. ed. Editora Leal, 2016. item 4.)

10
A MEDIUNIDADE E A PARÁBOLA DOS TALENTOS

Pois será como um homem que, ausentando-se do país, chamou seus próprios servos e entregou-lhes seus bens. A um deu cinco talentos; a outro, dois; e a outro, um; a cada um segundo a sua própria capacidade; e ausentou-se de seu país imediatamente.
(Mateus 25:14)

Jesus falou-nos por parábolas e muitas são uma possibilidade de reflexões sobre seu conteúdo, pois Jesus, utilizando-se de histórias e seus símbolos, trouxe-nos Seu Evangelho, o multiplicador do amor.

A Parábola dos Talentos tem sido vista como um alerta, pois temos a ilusão de que tudo nos pertence, mas é-nos por Deus emprestado, a serviço de Seus objetivos, sendo esses talentos não só riquezas materiais, mas principalmente as espirituais.

Bom lembrar que aquilo que não podemos levar do Plano Físico não é nosso. Tudo o que aqui fica foi emprestado. Somente é nosso aquilo que levamos conosco, seja de bom ou ruim.

Vamos observar o que a Parábola dos Talentos pode nos oferecer, quando o assunto é mediunidade.

Ela nos fala sobre multiplicação; multiplicar talentos é nossa finalidade evolutiva e nesse nosso estudo essa parábola guarda muita relação com a mediunidade, pois esta é um instrumento que, se bem aproveitado, poderemos, em nos ajudando, ajudar ao próximo e juntos galgarmos degraus em nossa escala evolutiva em busca do ser integral.

Chico Xavier, o querido médium, para trazermos um único exemplo, além de mais de 400 livros, psicografou mais de 10 mil cartas a famílias que perderam seus entes queridos, e elas continuarão a esclarecer e consolar a humanidade.

Voltando à parábola (Mateus, 25:24): "Mas, chegando também o que recebera um talento, disse: Senhor, eu conhecia-te, que és um homem duro, que ceifas onde não semeaste e ajuntas onde não espalhaste; E, atemorizado, escondi na terra o teu talento; aqui tens o que é teu".

Não praticar o bem pode ser entendido como "enterrar talentos", e, quando nos lembramos de que uma reencarnação costuma ser previamente preparada e tarefas são assumidas, e quando falamos da tarefa mediúnica, sendo identificadas suas potencialidades e deixamos de exercê-la, poderemos, sim, identificar aí um talento enterrado e a perda da oportunidade de sermos mais um instrumento do bem.

Ao longo de mais de quarenta anos à frente das escolas mediúnicas, temos observado que o medo costuma ser inibidor para cumprir esse compromisso;

outros afastam-se porque querem frutos rápidos, desanimam ante os estudos, a disciplina, a persistência, os pequenos sacrifícios, os quais o médium deve estabelecer como rotina em sua vida para o sucesso da tarefa.

Nessas horas, temos que mirar em exemplos de médiuns, que, como afirma a parábola – "o que recebera cinco talentos trabalhou com eles e recebeu outros cinco; Do mesmo modo, o que recebera dois, ganhou outros dois" (Mateus, 25:17) –, entenderam que o trabalho é intenso, mas as recompensas virão na mesma proporção. Aceitam que para que uma árvore frutífera venha a dar bons frutos deve ser devidamente cuidada desde o plantio da semente.

Adaptando essa metáfora, o mesmo acontece com a mediunidade, cujo processo é longo, desde seu afloramento até a integração efetiva na reunião mediúnica, lembrando que os amigos espirituais são unânimes em esclarecer que esse aperfeiçoamento continua ao longo das reencarnações e vivências no Plano Espiritual.

Importante lembrar que, no caso da mediunidade, não importa qual ela seja, se psicofonia, psicografia, vidência etc., toda faculdade é concedida tendo em vista um fim específico e pode significar disposição para servir com desprendimento, estudo e amor.

Quando chegamos à casa espírita e dela recebemos a palestra esclarecedora, os tratamentos espirituais, que nos libertam de dores acerbas, o livro que nos orienta e nos convida a novos e edificantes caminhos, quão felizes e agradecidos somos a esses tarefeiros do bem.

O que temos feito dos talentos que o Pai nos ofertou para esta reencarnação?

E, se possuímos esse instrumento ou convivemos com crianças e jovens médiuns, devemos estar atentos, pois a mediunidade é um talento que poderá ser um fator a mais de sucesso para esta encarnação.

Assim, fica o alerta para todos, especialmente aos pais ou responsáveis, quanto à responsabilidade de ajudá-los nesse mister; caso contrário, responderão igualmente pelos talentos desperdiçados.

> "Fazei, pois, com que os vossos irmãos, ao vos observarem, possam dizer que o verdadeiro espírita e o verdadeiro cristão são uma só e a mesma coisa, visto que todos quantos praticam a caridade são discípulos de Jesus, seja qual for o culto a que pertençam."
> Allan Kardec, *O Evangelho segundo o Espiritismo*, capítulo 15, item 10.

CAPÍTULO 18
INCONVENIENTES E PERIGOS DA MEDIUNIDADE

Influência do exercício da mediunidade sobre a saúde, sobre o cérebro e sobre as crianças
LIVRO DOS MÉDIUNS (Allan Kardec)

221. 1. A faculdade mediúnica é indício de algum estado patológico ou simplesmente anormal?

– Às vezes anormal, mas não patológico. Há médiuns de saúde vigorosa. Os doentes o são por outros motivos.

2. O exercício da faculdade mediúnica pode causar fadiga?

– O exercício muito prolongado de qualquer faculdade produz fadiga. Com a mediunidade acontece o mesmo, principalmente com a de efeitos físicos. Esta ocasiona um dispêndio de fluidos que leva o médium à fadiga, mas que é reparado pelo repouso.

3. O exercício da mediunidade pode ter inconvenientes em si mesmo no tocante às condições de higidez, excluindo-se os casos de abuso?

– Há casos em que é prudente e mesmo necessário abster-se ou pelo menos moderar o uso da mediunidade. Isso depende do estado físico e moral do médium, que geralmente o percebe. Quando ele começa a sentir-se fatigado, deve abster-se.

4. Esse exercício teria mais inconvenientes para uma pessoa do que para outras?

– Como já disse, isso depende do estado físico e moral do médium. Há pessoas que devem evitar qualquer causa de superexcitação, e a prática mediúnica seria uma delas.

5. A mediunidade poderia produzir a loucura?

– Não produziria mais do que qualquer outra coisa, quando a fraqueza do cérebro não oferecer predisposição para isso. A mediunidade não produzirá a loucura, se esta já não existir em germe. Mas, se o seu princípio já existe, o que facilmente se conhece pelas condições psíquicas e mentais da pessoa, o bom senso nos diz que devemos ter todos os cuidados necessários, pois nesse caso qualquer abalo será prejudicial.

6. Será inconveniente desenvolver a mediunidade das crianças?

– Certamente. E sustento que é muito perigoso. Porque esses organismos frágeis e delicados seriam muito abalados e sua imaginação infantil muito superexcitada. Assim, os pais prudentes as afastarão dessas ideias, ou pelo menos só lhes falarão a respeito no tocante às consequências morais.

7. Mas há crianças que são médiuns naturais, seja de efeitos físicos, de escrita ou de visões. Haveria nesses casos o mesmo inconveniente?

– Não. Quando a faculdade se manifesta espontânea numa criança, é que pertence à sua própria natureza e que a sua constituição é adequada. Não se dá o mesmo quando a mediunidade é provocada e excitada. Observe-se que a criança que tem visões geralmente pouco se impressiona com isso. As visões lhe parecem muito naturais, de maneira que ela lhes dá pouca atenção e quase sempre as esquece. Mais tarde a lembrança lhe volta à memória e é facilmente explicada, se ela conhecer o Espiritismo.

8. Qual a idade em que se pode, sem inconveniente, praticar a mediunidade?

– Não há limite preciso na idade. Depende inteiramente do desenvolvimento físico e mais particularmente do desenvolvimento psíquico. Há crianças de doze anos que seriam menos impressionadas que algumas pessoas já formadas. Refiro-me à mediunidade em geral, pois a de efeitos físicos é mais fatigante para o corpo. Quanto à escrita há outro inconveniente, que é a falta de experiência da criança, no caso de querer praticá-la sozinha ou fazer dela um brinquedo.

11
UM AMIGO IMAGINÁRIO

Se seu filho tem um amigo imaginário, calma, isso significa que ele, ou ela, é uma criança criativa, e logo mais isso passa. Assim justificam psicólogos e educadores quando os pais comentam que seus filhos estão conversando sozinhos.

Afirmam esses estudiosos que a criança usa o artifício do amigo imaginário para se justificar quando praticam traquinagens, como quebrar algo: "Foi o meu amigo quem quebrou!!"

Nosso cuidado diante dessa situação é não menosprezar essa resposta, não negar a existência desse amigo imaginário sem atribuir-lhe existência, e também devemos explicar as consequências de não ter cuidados com seus objetos.

No livro *Divaldo Franco Responde*, volume 1,[1] ao ser questionado sobre como distinguir entre um espírito e um amigo imaginário, o médium responde: "nesse período em que a criança passa pelo fenômeno mitológico (lúdico) no desenvolvimento da inteligência, percebe-se que são coisas de significado pueril, são infantilidades. Mas quando, por exemplo, citam nomes, referem-se a acontecimentos, e a criança se torna séria, procurando lidar de maneira característica, como se estivesse em realidade com outrem, não se trata de amigo imaginário, mas sim de um Espírito".

Já o escritor espírita Richard Simonetti[2], em resposta ao artigo sobre o tema na *Revista IstoÉ*, esclarece que o melhor é não interferir, tratando com naturalidade a criança. A tendência é o fenômeno desaparecer, quer porque a criança se desinteressou em relação ao amigo imaginário, quer porque perdeu o contato com ele, a partir da consolidação reencarnatória, o que ocorre após sete ou oito anos de vida.

No mesmo artigo, questionada, a psicanalista Ana Maria Sigal, coordenadora do grupo de trabalho em psicanálise com crianças do Instituto Sedes Sapientiae, tem a seguinte visão: "Há momentos em que a ilusão predomina e a criança transforma em real o que é apenas o seu desejo inconsciente. Ao brincar com um amigo imaginário, ela nega a solidão e cria um espaço no qual é dona e senhora. Já falar com parentes falecidos é *uma*

1 SAEGUSA, Claudia (org.). *Divaldo Franco Responde*. 9 ed. São Paulo: Intelítera, 2018. V.1
2 Richard Simonetti e Ana Maria Sigal. *Revista IstoÉ*. Matéria de capa intitulada "Mediunidade infantil – crianças que falam com espíritos", jan. 2007.

forma de negar uma realidade dolorosa e se sentir onipotente, capaz de reverter a morte".

Essa última explicação não atende à realidade de muitos médiuns, que, como Divaldo P. Franco, aos quatro anos de idade, viu o espírito de sua avó, Maria Senhorinha, e a descreveu para a mãe, gerando muito espanto na família católica, já que o menino não convivera com ela.

Quando frequentei a Mocidade Espírita, São Paulo, capital, encontrei uma amiga, que relatava que desde os dois aninhos tinha visões de dois bebês, mantendo uma rotina de cuidados, mas ninguém os enxergava. Muitas vezes gritava com algum membro da família, quando esse iria, por exemplo, sentar-se em algum lugar em que os bebês dormiam: "Você não pode sentar-se aí, meus bebês estão dormindo!", e muitas outras situações semelhantes, para as quais só encontrou essa família solução com os passes e a orientação aos pais sobre como conduzir essa situação, estudo e compreensão, que a Doutrina Espírita pôde lhes dar.

Recentemente, conversando sobre esses episódios, ela me relatou que, passados sessenta anos, ainda tem a memória daqueles dois bebês enroladinhos em mantas, como "charutinhos enrolados" ao costume da época e destacou que nunca gostou de bonecas e que só foi ganhar uma aos seis anos e como de família espírita e estudiosa da doutrina compreende que não se tratava de imaginação.

Para a Psicologia, seria um fato natural, fruto da imaginação infantil, que "cria" um amigo para brincar e lhe fazer companhia. Geralmente, são crianças que se sentem sozinhas, seja porque os pais trabalham fora, seja por carência afetiva, ou por não receberem atenção e carinho dos pais.

Para espíritas e espiritualistas, que creem na existência do espírito e na comunicação com eles, quando a criança vê e conversa com um ser invisível, pode-se estar diante de um caso de mediunidade, se isso persistir após a faixa etária dos sete a oito anos, quando essa alma,[3] que retorna para esta encarnação, estará completamente ciente de sua vida física.

O escritor espírita Hermínio C. Miranda[4] explica com muita clareza este aspecto: "Não é sempre que tais faculdades, em crianças, têm o desdobramento previsto nesta ou naquela forma de mediunidade. Como as recordações espontâneas de vidas passadas podem apagar-se, aí pelos dez anos de idade. Nem todas as pessoas dotadas de faculdades mediúnicas têm, necessariamente, tarefas específicas neste campo, ou seja, nem sempre estão programadas para o exercício ativo e pleno no intercâmbio regular entre os espíritos e as pessoas encarnadas".

Como se vê, existem correntes de entendimento, principalmente quando se vê a criatura nos seus aspectos materiais, emocionais e espirituais, por exemplo, como

---

3 *O Livro dos Espíritos*, pergunta 134: "O que é a alma?". Resposta: "Um Espírito encarnado".

4 Hermínio C. Miranda. *Nossos filhos são espíritos*. 3. ed. Niterói (RJ): Arte & Cultura, 1991 pg 113.

O DESPERTAR DA MEDIUNIDADE

define a medicina holística e mesmo a psicologia transpessoal,[5] que observa o ser como um todo.

Mas, de maneira geral, nem sempre a reação da família é tranquila diante desse tipo de acontecimento. Muitos pais, por falta de informação, ficam preocupados, aflitos, supondo que o filho ou a filha sejam portadores de algum distúrbio psiquiátrico, e outros, ainda, acreditam terem seus filhos dons especiais que os distingam. Nem uma coisa nem outra; o estudo das obras kardequianas e a orientação que a casa espírita possa lhes ofertar serão o passaporte para conviver com esses fenômenos de maneira tranquila e produtiva para todos.

Inúmeros, porém, são os casos de mediunidade na infância, e somente a Doutrina Espírita lança luz sobre essa ocorrência na vida da criança, que, se persistir caminhando para a adolescência aportando a eclosão da mediunidade na vida adulta, tem como este o caminho ideal.

Portanto, não será um caso isolado que marcará a existência da mediunidade ostensiva. Mas, quando essas manifestações ganharem caráter mais constante e ostensivo, e persistência até a juventude, tudo indica que estaremos diante de um ou uma médium.

Sempre é bom lembrar o caso do querido médium Francisco Cândido Xavier, que, aos doze anos, em

---

5 Holística (*holos*, derivado do grego, que significa "todo"), o ser como um todo. A Psicologia Transpessoal é uma abordagem da Psicologia considerada por *Abraham Maslow* (1908-1970), que dizia que o ser humano necessitava transcender sua psique (pessoal), conectando-se ao Todo ou a outras realidades mais abrangentes (transpessoais).

1922, quando se comemorava o centenário da Independência do Brasil, ganhou menção honrosa por escrever uma bela redação sobre o país, mas afirmou que um espírito havia lhe ditado o texto.

O médium José Raul Teixeira[6] afirma que via os espíritos desde criança e, muitas vezes, conversava com eles. Em uma ocasião, ao ver o espírito de um amigo, quase se atirou nos braços dele. Mas a mãe – que também era médium – impediu que o filho se machucasse, pois notou que ele ia em direção ao espírito e o impediu de cair no vazio, quando se atirou nos braços do amigo invisível.[7]

A Doutrina Espírita é conhecida como a fé raciocinada, portanto, nos pede estudo à luz da razão, e lemos em *O Evangelho segundo o Espiritismo*, capítulo 19, item 7: *"Fé inabalável só o é a que pode encarar frente a frente a razão, em todas as épocas da Humanidade"*.

O Espiritismo nos ensina que o espírito em sua caminhada evolutiva vai conhecendo as leis de Deus e, consequentemente, sua perfeição, e quanto mais cresce mais se identifica com elas, mais confia na justiça e no amor divinos, e mais tem fé, porque esta nasce do entendimento, é inabalável e indestrutível.

---

6 Médium e conferencista espírita de Niterói (RJ), professor aposentado da Universidade Federal Fluminense (UFF) e doutor em Educação.
7 Depoimentos dos médiuns Chico Xavier, Divaldo P. Franco e José Raul Teixeira, cedidos pela Federação Espírita Brasileira (FEB). Disponível em: https://www.verdadeluz.com.br/manifestacoes-de-criancas-mediunica-sob-a-visao-espirita/. Depoimentos cedidos pela FEB (Federação Espírita Brasileira)Acesso em: 10 mar. 2022.

> **Livro dos Espíritos – questão 385**
> *Que é o que motiva a mudança que se opera no caráter do indivíduo em certa idade, especialmente ao sair da adolescência? É que o Espírito se modifica?*
> É que o Espírito retoma a natureza que lhe é própria e se mostra qual era.

12
AO MÉDIUM INICIANTE

Muitas vezes, ao chegar a um centro espírita, e mesmo a agrupamentos espiritualistas, a orientação é: "Você precisa desenvolver a sua mediunidade!" Às vezes isso assusta, e para alguns é sinônimo de uma distinção, pois acreditam ser pessoas especiais.

Esse medo muitas vezes se prende ao fato de que acreditam que o espírito como que "entra no corpo do médium", e, quando nos debruçamos sobre o estudo da mediunidade, vamos entendendo que quando um espírito deseja comunicar-se busca um médium que esteja apto a interpretar suas ideias, o que depende da afinidade entre os dois.

Vencida a barreira da afinidade, o médium, que é intérprete da espiritualidade, irá decodificar essa ideia, segundo seu conhecimento, e a reproduzirá com suas palavras, ou seja, *a mensagem se dá da mente do espírito comunicante à mente do médium.*

Os bons espíritos produzem uma impressão agradável e suave, enquanto que a dos espíritos infelizes é geralmente desagradável e até penosa para o médium, e, como com estes últimos é mais fácil a ligação, justamente pelas afinidades, há sempre a ideia de que a mediunidade é um peso, um sofrimento.

De tudo que já falamos até aqui, temos que a mediunidade é uma ferramenta de ajuda e evolução, que precisa de estudo e disciplina, pois Kardec advertiu-nos: "Praticar Espiritismo experimental, sem estudo, é querer efetuar manipulação química sem saber química".

Assim, o médium deve procurar a casa espírita, que lhe dará todo o respaldo do estudo, da experiência, da disciplina para lidar e compreender essa ferramenta de trabalho.

Como mediunidade é sintonia, no início mediúnico, as experiências são mais desafiadoras, pois teremos mais facilidade de nos sintonizarmos com espíritos infelizes, como Kardec nos esclarece em *O Livro dos Médiuns*, capítulo XVII, item 211: "A dificuldade encontrada pela maioria dos médiuns iniciantes é a de ter que tratar com os espíritos inferiores, e eles devam considerar-se felizes quando se trata de *espíritos levianos.*[1] Toda a sua atenção deve ser empregada para

---

1 Vide Classificação dos Espíritos, *O Livro dos Espíritos*, "Escala espírita".

não os deixar tomar pé, porque uma vez firmados nem sempre é fácil afastá-los. Esta é uma questão capital, sobretudo no início, quando, sem as precauções necessárias, se pode pôr a perder as mais belas faculdades".

O pesquisador e amigo de Kardec, Léon Denis,[2] em seu livro *No invisível*[3], páginas 57 a 58, dirige-se ao médium iniciante lembrando que:

> Uma multidão de Espíritos nos cerca, sempre ávidos de se comunicar com os homens. Essa multidão é sobretudo composta de almas pouco adiantadas, de Espíritos levianos, algumas vezes maus, [...].
>
> Muitas decepções e dissabores seriam evitados se se compreendesse que a mediunidade percorre fases sucessivas, e que, no período inicial de desenvolvimento, o médium é sobretudo assistido por Espíritos de ordem inferior, cujos fluidos, ainda impregnados de matéria, se adaptam melhor aos seus [...].
>
> Nessa fase de prova e de estudo elementar, deve sempre o médium estar de sobreaviso e nunca se afastar de uma prudente reserva. Cumpre-lhe evitar cuidadosamente as questões ociosas ou interesseiras, os gracejos, tudo em suma que reveste caráter frívolo e atrai os Espíritos levianos.

---

2 Léon Denis (Foug, 1ª de janeiro de 1846-Tours, 12 de abril de 1927) foi um pensador espírita, médium e um dos principais continuadores do Espiritismo após a morte de Allan Kardec.
3 DENIS, L. *No invisível*. 2ª ed. Catanduva, SP: Boa Nova. Editora Cultural Espírita Edicel, 2017.

Uma das dificuldades do médium iniciante, muitas vezes, é a pressa para que essa educação mediúnica se dê. A título de exemplo, lembramos da experiência do médium Divaldo P. Franco, que, após fundar o Centro Espírita Caminho da Redenção, em 7 de setembro de 1947, na Bahia, dois anos após iniciou sua tarefa de psicografia. Diversas mensagens foram escritas por seu intermédio. Sob a orientação dos Benfeitores Espirituais, guardava o que escrevia, até que um dia recebeu a recomendação de queimar tudo o que escrevera até ali, pois não passava de simples exercício.

Com a continuação, vieram novas mensagens assinadas por diversos espíritos, dentre eles Joanna de Ângelis, que durante muito tempo apresentava-se como Um Espírito Amigo, ocultando-se no anonimato à espera do instante oportuno para se identificar, e desde então até os dias de hoje realizam um trabalho incansável não só na psicografia como também na oratória espírita pelo mundo, revelando-se Divaldo, o Paulo de Tarso dos dias atuais, mesmo avizinhando-se os seus 95 anos de idade.

Emmanuel, mentor de Chico Xavier, trouxe o espírito André Luiz para que fizesse um período de adaptação com Chico, pois ambos iriam escrever uma série, cujo primeiro livro seria *Nosso Lar*. Esse período compreendeu os anos de 1941 a 1943, portanto, antes de ditar seus livros, André Luiz estagiou por dois anos junto ao médium.

Você, leitor, deve estar pensando: "Mas eu não quero ser um Chico, um Divaldo!" Não se esqueça de que a mediunidade é coisa santa e deve ser santamente trabalhada. Por mais "simples" que possa ser sua tarefa mediúnica, ela deve passar necessariamente por disciplina, estudo, cuidados com a reforma íntima, a fim de não se cair nas teias dos espíritos descomprometidos com o bem, mantendo-se sempre disposto a buscar ajuda na casa espírita, que é um celeiro de bênçãos a quem a procure.

Assim, deve-se buscar estar sob a proteção de uma casa espírita compromissada com o estudo das obras básicas espíritas e aquelas que visam à evolução moral de seus frequentadores, tendo o Evangelho como alicerce firme e seguro para todos os dias.

Ora, se Kardec, em *O Livro dos Médiuns* (capítulo 17 – Da formação dos médiuns, item 216), falando aos médiuns feitos, orienta quanto ao estudo – "Suponhamos agora que a faculdade mediúnica esteja completamente desenvolvida; que o médium escreva com facilidade; que seja, em suma, o que se chama um médium feito. Grande erro de sua parte fora crer-se dispensado de qualquer instrução mais, porquanto apenas terá vencido uma resistência material. Do ponto a que chegou é que começam as verdadeiras dificuldades, é que ele mais do que nunca precisa dos conselhos da prudência e da experiência, se não quiser cair nas mil armadilhas que lhe vão ser preparadas. Se pretender muito cedo voar com suas próprias asas, não tardará em ser vítima de Espíritos mentirosos,

que não se descuidarão de lhe explorar a presunção."
–, que dirá a atenção do iniciante quanto a se preparar
no estudo!

"O desejo natural de todo aspirante a médium
é o de poder confabular com os Espíritos das
pessoas que lhe são caras; deve, porém, moderar
a sua impaciência, porquanto a comunicação com
determinado Espírito apresenta muitas vezes
dificuldades materiais que a tornam impossível
ao principiante. Para que um Espírito possa
comunicar-se, preciso é que haja entre ele e o
médium relações fluídicas, que nem sempre se
estabelecem instantaneamente. Só à medida
que a faculdade se desenvolve é que o
médium adquire pouco a pouco a aptidão
necessária para pôr-se em comunicação
com o Espírito que se apresente."
(Allan Kardec. *O Livro dos Médiuns*,
capítulo 17, item 203.)

13
GRANDES MÉDIUNS INCOMPREENDIDOS NA INFÂNCIA E NA JUVENTUDE

A título de exemplo e na esperança de busca de novos estudos, vamos, de maneira singela, destacar a infância de alguns médiuns que souberam lidar com a mediunidade desde tenra época.

Quando falamos de médiuns, lembramo-nos de *Francisco Cândido Xavier*, o querido Chico, esse mineirinho que o mundo aprendeu a respeitar, sendo ele um marco na divulgação da mediunidade como um paradigma de como deve se comportar um médium diante dessa faculdade.

Muito já falamos dele nesse pequeno estudo, mas muito ainda teríamos a falar.

De formação católica, era comum nas missas Chico ver hóstias brilhando, pessoas mortas carregando flores, sendo que o único que nunca duvidava de suas visões era o padre de Pedro Leopoldo (MG), Sebastião Scarzello, que o orientava a orar para afastar aquelas visões.

Cresceu sob muitos conflitos íntimos, porque de um lado estavam os adultos, que o repreendiam ou o castigavam, supondo que ele contava mentiras, e do outro estavam as entidades espirituais, que perseveravam ao seu lado.

Disso resultaram muitas dificuldades emocionais para o médium, porque amava os espíritos que lhe apareciam, mas não queria vê-los para não sofrer punições por parte das pessoas encarnadas com quem precisava conviver.

Outro médium, *Divaldo Pereira Franco,* o incansável baiano, conhecido mundialmente por suas palestras, além de pelas centenas de livros psicografados cuja renda sempre foi revertida para a imensa obra social em Salvador, a Mansão do Caminho.

A biógrafa[1] do médium Divaldo Pereira Franco conta-nos que seu pai surrava o filho, que insistia em dizer ver espíritos, e essa ideia era tomada como alucinações, "coisas do demônio" e, portanto, punidas com rigor, o que lhe valia ser visto como o filho caçula estranho e problemático.

Uma médium que não podemos deixar de citar é *Yvonne do Amaral Pereira*, que renasceu na véspera de Natal de 1900, em Rio das Flores, estado do Rio de Janeiro. Por ter nascido em ambiente espírita, não

---

1 Ana Landi. Livro: *Divaldo Franco: a trajetória de um dos maiores médiuns de todos os tempos.* Editora Belaletra, 2015.

sofreu problemas físicos, como os relatados por Chico e Divaldo, que apanhavam e eram tidos como loucos, mas, por outro lado, sua infância foi marcada por fenômenos espíritas, muitos narrados no livro *Recordações da mediunidade*, e, assim como Chico Xavier, desde os quatro anos comunicava-se com os espíritos como se fossem pessoas encarnadas.

Yvonne tinha vivas suas lembranças da última encarnação, destacando a presença do espírito Charles, que fora seu pai em outra existência, e ela ainda o considerava seu pai, sendo na encarnação atual seu orientador, inclusive para as atividades mediúnicas.

Além dele, relatava a presença constante do espírito Roberto de Canalejas, que fora médico em meados do século XIX, ao qual nutria profundo afeto e tinha ligações espirituais de longa data.

Yvonne dizia ter sido uma criança infeliz, pois vivia sob as saudades do ambiente familiar vivido em sua última encarnação na Espanha, que lembrava com grande clareza, e que via em seus familiares da vida atual estranhos, passando até os dez anos a maior parte do tempo com sua avó paterna.

Além de outros médiuns brasileiros, gostaria de fazer menção à vida de Elizabeth d'Espérance, que nasceu na Inglaterra em 1855[2] e desencarnou na Alemanha em 1918, um dos exemplos mais brilhantes dos sacrifícios de uma verdadeira médium missionária, numa

---

2 Dados de Madame d'Espérance extraídos da *Wikipédia*: Elisabeth d'Espérance, conhecida como *Mme. D'Espérance* (Inglaterra, 1855-Alemanha, 20 de julho de 1918), foi uma médium de efeitos físicos e inteligentes, bem como escritora inglesa.

época em que apenas se implantavam as bases dos estudos e pesquisas desses fenômenos.

Recomendamos a leitura de sua biografia na obra de sua autoria, *No País das Sombras*, da qual extraímos estas notas.

Elizabeth passou a infância em um velho casarão no leste de Londres e nesse período começou a ver os espíritos que circulavam no imóvel, os quais ninguém mais via, desacreditando-a e censurando-a por essas referências.

Entre os treze e catorze anos, tais fenômenos levaram-na a vivenciar dificuldades no relacionamento com a mãe, que a tinha por louca. Levada a um médico, que, fingindo ser seu amigo, ouviu a menina relatar suas visões, ao final este a diagnosticou como portadora de doenças mentais, alertando à mãe que sua filha passaria seus últimos dias num manicômio, notícia que abalou a saúde da mãe, que já era precária.

Assim, seu pai, comandante de um navio, resolveu levá-la consigo em viagem, ocasião em que houve um evento em que a jovem visualizou um veleiro-fantasma que atravessou o navio do pai, deixando-a em pânico, a princípio, e depois deprimida diante da incredulidade do pai e da tripulação.

Devido à incompreensão, d'Espérance teve uma infância, de certo modo, infeliz e cheia de incidentes desagradáveis. Tinha em seu pai a única pessoa que parecia compreendê-la.

Elizabeth tornou-se uma das mais importantes médiuns a contribuírem para o advento do Espiritismo.

Era portadora de vários tipos de mediunidade, entre os quais citamos: efeitos físicos, psicografia, vidência, materializações, transportes, pinturas mediúnicas etc., tendo participado de pesquisas com muitos sábios de sua época, por exemplo, o russo Alexander Aksakof e o professor Butlerof, catedrático de Química da Universidade de Petersburgo, com experimentações tais como fotografar espíritos materializados.

Não podemos nos esquecer das Irmãs Fox: Kate, com onze anos, Margareth, com catorze, e Leah, a mais velha, que morava em Rochester e mais tarde se juntou a elas.

De início, Kate e Margareth passaram a ouvir sons semelhantes a arranhões em paredes, assoalhos e móveis em sua casa, no vilarejo de Hydesville, Estado de New York, sendo que Kate se comunicava com os espíritos por meio de estalos de dedos. A cada estalo, um golpe era ouvido como resposta. Manteve-se assim uma "telegrafia espiritual" histórica, ocorrida na noite de 31 de março de 1848.

Kardec, para a codificação da Doutrina Espírita, tarefa de imensa importância para a humanidade, utilizou-se de duas jovens médiuns, Caroline Baudin, de dezoito anos, e Julie Baudin, de dezesseis, que, destaque-se, sofriam com a intolerância religiosa da época – algo que, infelizmente, perdura até hoje.

Há que se destacar, ainda, a médium Ermance Dufaux. Kardec a conheceu no dia da publicação da primeira edição de *O Livro dos Espíritos*, em 18 de abril de 1857, tendo ela colaborado como médium para a segunda edição de *O Livro dos Espíritos*, ampliada de 508 para 1.019 questões.

Muitos médiuns mereceriam ser lembrados neste singelo estudo, mas gostaria apenas de registrar que a mediunidade foi e será de todo o tempo, sendo característica do ser humano. Por ela, muitos sacrificaram a própria vida, a exemplo de Joana D´Arc, que nos anos 1400 enfrentou a morte na fogueira pelo simples fato de ser médium, pois desde os doze anos de idade tinha visões. Ironicamente, hoje em dia sua estátua dourada brilha na Place des Pyramides, no centro de Paris.

Houve também o caso das crianças de Fátima, em Portugal, em que *três* pastorinhos: *Lúcia dos Santos*, com dez anos, e seus primos maternos *Francisco Marto*, de oito anos, e *Jacinta Marto*, de sete, ambos irmãos, testemunharam três aparições: primeiro a de um "anjo", e depois a de Nossa Senhora de Fátima. Tratava-se de médiuns videntes, que foram canonizados em 2017 pelo papa Francisco.[3]

Esses médiuns são os "vanguardeiros" que vêm clarear caminhos, iluminando ainda a senda daqueles que virão após eles...

Hoje, no século XXI, ainda nos deparamos com preconceitos e medos, ignorância e perseguição. Até quando?

3 No dia 13 de maio de 2017, durante as celebrações do centenário das Aparições, Francisco e Jacinta Marto foram canonizados pelo papa Francisco no Santuário de Nossa Senhora de Fátima. Disponível em: https:// pt.wikipedia.org › wiki › Pastorinhos_de_Fátima. Acesso em: 4 abr. 2022.

Por isso, pai e mãe, responsáveis pelos espíritos que renascem com mediunidade: que nos debrucemos ao estudo para melhor entender e amparar esse sexto sentido, que tanto bem pode nos proporcionar, e também à sociedade.

> "E, chamando a si os seus doze discípulos, deu-lhes autoridade sobre os Espíritos imundos, para expulsarem, e para curarem toda sorte de doenças e enfermidades." (Mateus 10:1)

Chico e a persistência
Sintomas físicos decorrentes da ação espiritual[4]

DOIS MOMENTOS DE CHICO XAVIER

Em conversa reservada conosco, em sua casa, Chico, certa vez, nos disse, enquanto íamos anotando resumidamente suas palavras: – "Eu já sofri, meu filho, o assédio de muitos espíritos que, de todas as maneiras, tentaram comprometer a tarefa do Livro por nosso intermédio; os Bons Espíritos, qual Emmanuel, sempre estiveram comigo, mas nunca me isentaram das lutas que são minhas... Houve

---

4 Transcrição do item II do artigo "Dois momentos com Chico Xavier", *site* da *Revista Comunicação*, fls.2 a 5. Disponível em: http://www.revistainformacao.com.br/edicoes/2002/12%20-%20Dezembro.pdf. Acesso em: 05 jul. 2022.

época em que o assédio deles, dos espíritos infelizes, durava semanas e até meses; queriam que eu abandonasse tudo!... Ora, deixar tudo, para fazer o quê?! Colocavam ideias estranhas na minha cabeça; deitava-me e levantava-me com elas... Só que eu não podia parar. Perguntava a Emmanuel, ao Dr. Bezerra se alguma coisa poderia ser feita, pois eu não estava aguentando. Eram perturbações no espírito e sinais de doença no corpo, doenças fantasmas, evidentemente, dores por todos os lados, um pavor inexplicável da morte!...

Às vezes, para mim, um dia parecia uma eternidade. Então, não me restava alternativa, a não ser continuar trabalhando sob aquela tremenda pressão psicológica. Escutava os espíritos gargalhando aos meus ouvidos, ironizando – e eu já estava na mediunidade havia bastante tempo... Na hora do serviço da psicografia, eles desapareciam, mas, depois, voltavam. Eu não podia viver sempre em transe! Tinha de cuidar da vida! Enfim, apanhei muito dos espíritos inimigos da Doutrina – não de socos ou pontapés, mas de alguma coisa equivalente... Não foi fácil. Somente à custa de muita oração e trabalho na Caridade é que fui me desligando naturalmente daqueles pensamentos. Não pensem que tudo para mim, na mediunidade, tenha sido um mar de rosas: por vezes, eu me sentia sitiado – de um lado, a incompreensão dos encarnados e, de outro, o assédio espiritual, que, em verdade, em maior ou menor grau, todo médium experimenta." E prosseguiu: – "Já conversei com muitos companheiros de valor na mediunidade que estavam estreitamente vampirizados por espíritos que a eles pareciam colados, como se estivessem sugando suas energias mentais... Não é brincadeira! Em sua maioria, os espíritos, ao deixarem o corpo, ficam por aqui mesmo. Poucos são os que acham o caminho para as dimensões mais altas... O médium que não persevera na tarefa e que, doente como esteja, não procura cumprir com seus deveres acaba anulado por seus desafetos invisíveis de outras vidas... Emmanuel me perguntava: – 'Chico, que é que você tem?' Eu respondia: – 'Estou triste, deprimido...' – 'Então, vamos trabalhar' – dizia – 'porque, se você não trabalhar, eu não poderei ficar pajeando você...' Foi assim que me habituei a trabalhar quase sem descanso. Como é que ia parar? Certa vez, os espíritos que me assediavam me levaram a ficar de cama; comecei a tremer, a ter febre alta... Só que não era doença. Ainda bem que, de modo geral, a Humanidade caminha alheia às influências dos espíritos obsessores, oferecendo obstáculos à sintonia com eles, pois, caso contrário, a casa mental das pessoas seria invadida... Por este motivo, explica Emmanuel, os médiuns necessitam de vigilância dobrada. Hoje, eu já me sinto um tanto mais calejado: as cicatrizes são tantas, que os perseguidores desencarnados já não encontram lugar para bater..." (Risos.) E rematou, bem-humorado: – "Hoje, eu já estou praticamente morto: eles não vão se preocupar com um... cadáver, não é mesmo."

(*A Flama Espírita*, n. 2.741 e 2.734, Uberaba (MG).)

> **MEDIUNIDADE E SAÚDE**
> "A faculdade mediúnica é indício de algum estado patológico ou simplesmente anormal? Às vezes anormal, mas não patológico. Há médiuns de saúde vigorosa. Os doentes o são por outros motivos."
> (Allan Kardec, *O Livro dos Médiuns*, capítulo XVIII, item 221, parágrafo 1.)

14
PERISPÍRITO NAS MANIFESTAÇÕES MEDIÚNICAS

Para falar de mediunidade, temos que tecer alguns comentários sobre o perispírito, mas, em função da complexidade do tema, que não pode ser esgotado nem em vários livros, imaginem quando temos alguns parágrafos?!

Nossa pretensão é lançar interesse ao leitor para que busque nas obras espíritas mais respostas, para melhor compreensão desse assunto, e vamos abaixo transcrever trechos de alguns desses livros.

Iniciando neste estudo, diremos que perispírito é também conhecido como o corpo fluídico dos espíritos, pois temos o corpo físico, envoltório material temporário, o corpo espiritual ou perispírito, como corpo intermediário, semimaterial, e o espírito, ser eterno da criação.

O apóstolo Paulo a ele se referia como *corpo celeste* ou *corpo espiritual*.

O corpo espiritual foi também identificado e nomeado em diversas civilizações, como *Kha*, no antigo Egito; *linga sharira*, na Índia; *eidólon* ou corpo luminoso, na Grécia. Os brâmanes o conheciam por *kama rupa;* Hipócrates o denominou *enormon*, Platão o chamava de *carro sutil*; Confúcio, de *corpo seriforme*; Pitágoras o classificava de *carne sutil da alma*; Paracelso o nomeou *corpo astral* ou *evestrum*; na Cabala hebraica, era *rouach* ou *nephesh*. A Escola Neoplatônica de Alexandria o denominou *astroiede,* para citar alguns nomes.

Com Kardec, principalmente no livro *A Gênese*, temos que os elementos que formam o perispírito são retirados do meio ambiente onde vive o espírito, encarnado ou desencarnado, não sendo igual em todas as pessoas, ainda que os elementos constituintes sejam os mesmos, pois a natureza do envoltório fluídico está sempre em relação com o grau de adiantamento moral do espírito, como nos esclarece o capítulo IV de *O Livro dos Médiuns*.

Na Primeira Parte do livro *Obras póstumas*, Kardec nos diz que: "O perispírito não se acha encerrado nos limites do corpo, como numa caixa. Pela sua natureza fluídica, ele é expansível, irradia para o exterior e forma, em torno do corpo, uma espécie de atmosfera que o pensamento e a força da vontade podem dilatar mais ou menos. Daí se segue que pessoas há que, sem estarem em contato corporal, podem achar-se em contato pelos seus perispíritos e permutar a seu mal-grado impressões-pensamentos, por meio da intuição".

Há dois mil anos, o apóstolo Paulo, no versículo 44 do capítulo 15º de sua primeira Epístola aos Coríntios, já nos alertava da evolução em busca da perfeição, mesmo que relativa, pois perfeito só Deus, falando-nos já do corpo perispiritual: "Semeia-se corpo animal, ressuscitará corpo espiritual. *Se há corpo animal, há também corpo espiritual*".

Temos então que o perispírito nos encarnados serve de laço intermediário entre o espírito e a matéria, e nos desencarnados constitui *o corpo fluídico do espírito*. Assim, quando digo que estou vendo dr. Bezerra de Menezes, estou na verdade vendo o perispírito desse amorável espírito.

Falando de perispírito e de sua importância na mediunidade, ensina-nos o espírito Lammenais[1] que "esse é o agente por meio do qual nos comunicamos convosco, quer indiretamente, pelo vosso corpo ou pelo vosso perispírito, quer diretamente, pela vossa alma; donde, infinitas modalidades de médiuns e de comunicações." Afirma ainda que esse envoltório fluí-dico *é responsável pela perfectibilidade dos sentidos*, a extensão da vista e das ideias.

E ainda adiante, no mesmo livro,[2] temos que o perispírito, para nos servirmos de uma comparação material, é o fio condutor, que serve para a recepção e a transmissão do pensamento.

---

1 *O Livro dos Médiuns*, capítulo IV.
2 *O Livro dos Médiuns*, 2.ª parte, capítulo I.

O desenvolvimento da faculdade mediúnica depende da natureza mais ou menos expansiva do perispírito do médium e da maior ou menor facilidade da sua assimilação pelos dos espíritos; depende, portanto, do organismo, e pode ser desenvolvida quando exista o princípio; não pode, porém, ser adquirida quando o princípio não exista.

"A predisposição mediúnica independe do sexo, da idade e do temperamento. Há médiuns em todas as categorias de indivíduos, desde a mais tenra idade, até a mais avançada", conforme lemos em *Obras póstumas*, 1ª parte, item *"Dos médiuns"*.

Vamos assim entendendo que todos os seres humanos são médiuns: todos nós possuímos *perispírito ou corpo espiritual, que é o verdadeiro veículo de manifestação do espírito.*

No livro *A Gênese*,[3] apresenta-nos Kardec um elemento a mais para entendermos o processo mediúnico, quando nos fala do fluido perispirítico "Ele não é inteligente, por si mesmo, uma vez que é matéria, mas é o veículo do pensamento, das sensações e das percepções do Espírito", e, em *Obras póstumas*,[4] quando esclarece que esses fenômenos *só se* podem produzir pela *ação recíproca dos fluidos que emitem o médium e o espírito.*

---

3 Allan Kardec. *A Gênese: os milagres e as predições segundo o Espiritismo*. Catanduva (SP): Boa Nova, 2007 capítulo 2, item 23.

4 *Obras póstumas*, capítulo "Manifestações dos espíritos", § 6, item 34. Esse livro é uma compilação de escritos do codificador da Doutrina Espírita, Allan Kardec, lançado postumamente em Paris, em janeiro de 1890, pelos dirigentes da Sociedade Parisiense de Estudos Espíritas.

O DESPERTAR DA MEDIUNIDADE

Também aprendemos que o desenvolvimento da faculdade mediúnica depende da natureza *mais ou menos expansiva do perispírito do médium* e da maior ou menor facilidade da sua assimilação pelo dos Espíritos: "Seja qual for o tipo de manifestação mediúnica, o perispírito é sempre o principal elemento a ser considerado".[5]

Um dos fenômenos mediúnicos mais interessantes é justamente o das manifestações visuais, e Kardec, ainda em *Obras póstumas*, esclarece uma dúvida muito comum: "Quando um Espírito aparece, é que ele põe seu perispírito no estado próprio a torná-lo visível. Entretanto, nem sempre basta a vontade para fazê-lo visível: é preciso, para que se opere a modificação do perispírito, o concurso de umas tantas circunstâncias que dele independem. É, preciso, ao demais, que ao espírito seja permitido fazer-se visível a tal pessoa, permissão que nem sempre lhe é concedida, ou somente o é em determinadas circunstâncias, por motivos que nos escapam".

Finalizando esse breve estudo, reflitamos sobre a importância do nosso corpo espiritual e a mediunidade, e encontramos no Evangelho[6] algo mais: "A mediunidade é dada sem distinção, a fim de que os espíritos possam levar a luz em todas as fileiras, em todas as classes sociais, aos sábios para os fortalecer, aos viciosos para os *corrigir*". *E o perispírito é sempre o principal elemento a ser considerado.*

5 Zalmino Zimmerman. *O períspirito*. 2. ed. Editora Centro Espírita Allan Kardec, 2002.
6 Allan Kardec. *O Evangelho segundo o Espiritismo*, capítulo 24.

> "Assim, quando encontramos num médium o cérebro pleno de conhecimentos adquiridos em sua vida atual e seu Espírito rico de conhecimentos anteriores latentes, próprios a facilitar nossas comunicações, servimo-nos dele de preferência, porque com ele o fenômeno da comunicação é muito mais fácil que com um médium cuja inteligência seria limitada e cujos conhecimentos anteriores seriam insuficientes."
> (Allan Kardec, *O Livro dos Médiuns*, item 225.)

15
ESPÍRITOS PROTETORES

O Espírito protetor é ligado ao indivíduo
desde seu nascimento?
– Desde o nascimento até a morte e, muitas vezes,
o segue após a morte na vida espiritual, e mesmo
em muitas existências corporais, porque essas
existências são somente fases bem curtas em
relação à vida do Espírito.
(*O Livro dos Espíritos*, questão 492.)

Todos temos um espírito que aceita a incumbência de nos acompanhar nessa jornada e deverá ser alguém que se apresente um pouco mais adiantado do que nós mesmos. Podem ser espíritos de parentes ou amigos, e algumas vezes de pessoas que nem sequer conhecemos na atual existência. Eles nos ajudam com os seus conselhos, e frequentemente com a sua intervenção nos acontecimentos de nossas vidas, sempre se socorrendo de seus superiores quando a situação requeira. E o mais importante é que essa assistência é ininterrupta, exceto quando fazemos ouvidos moucos aos seus conselhos.

É o que aprendemos com o Comentário à pergunta 495 de *O Livro dos Espíritos*, parte do qual destacamos:

Quando o anjo guardião percebe que o seu protegido está sendo rebelde aos seus conselhos, ele insiste de todas as formas, para que o renitente compreenda os objetivos da sua permanência ao seu lado, e, se esse fecha os olhos, tampa os ouvidos à ajuda espiritual, dá-se, por amor, *o afastamento*.

O que se fez surdo deve sofrer as consequências da sua ignorância, no sentido de aprender a verdade pelos processos da dor. O afastamento é referente à transmissão dos conselhos, e não desligamento das responsabilidades espirituais...

Em *O Evangelho segundo o Espiritismo*, capítulo dos anjos da guarda e protetores, aprendemos que esses espíritos cumprem junto de nós a missão de um pai ao lado do filho, a fim de nos conduzir no caminho do bem e do progresso, esclarecendo que não nos preocupemos com seus nomes.

Além dos individuais, existem os espíritos familiares e aqueles que evocamos, daí a preocupação em estarmos sempre ligados àqueles com propósitos superiores, sob pena de afastá-los de nossa convivência.

O médium Francisco Cândido Xavier teve como seu mentor – ou seja, espírito que cuidava de sua obra mediúnica – o espírito Emmanuel, e igualmente o médium Divaldo Pereira Franco, o espírito Joanna de Ângelis.

Em termos coletivos, também temos os mentores, por exemplo, o do Brasil, que é o amigo de Jesus, o anjo Ismael; para nosso planeta, o mestre Jesus; e, amparando todo o universo, Deus, nosso Pai.

Como aprendemos em *O Livro dos Espíritos*, na pergunta 520:

> – Os espíritos protetores das massas são de uma natureza mais elevada que a dos que se ligam aos indivíduos?
> – Tudo é relativo ao grau de adiantamento, das massas como dos indivíduos.

A sabedoria e a bondade divinas nos presenteiam com essa ajuda indispensável, para que na senda da reencarnação tenhamos um protetor, um anjo guardião que nos ampare, proteja, inspire-nos às melhores escolhas.

Assim como nos ensinam os benfeitores espirituais, nunca estamos sós, há sempre um amigo ao nosso lado, que está ligado a nós desde o nosso nascimento até o desencarne, e muitas vezes continua a nos auxiliar no Plano Espiritual e até mesmo em outras reencarnações.

Que não façamos ouvidos moucos às suas orientações e vivamos aproveitando essa generosidade para conosco. Nossa gratidão a esse amigo tão esquecido por nós, mas presente em nossos dias. Ao anjo guardião, nossa gratidão.

OS TRÊS TIPOS DE ORIENTADORES
(*O Livro dos Espíritos* – questões 489 a 495)

Allan Kardec, em *O Livro dos Espíritos*, apresenta-nos três tipos de orientadores espirituais:

1. **Espírito protetor**: constitui um orientador principal. Sua missão é a de guiar o seu protegido ao bem, auxiliá-lo com seus conselhos, consolá--lo nas aflições, levantar-lhe o ânimo nas provas da vida. Sua missão tem duração mais prolongada. Jamais abandona o seu protegido, apenas se afasta quando o tutelado não ouve seus conselhos.

2. **Espíritos familiares**: são orientadores secundários. Podem ser os espíritos de nossos parentes, familiares e amigos. Seu poder é limitado e sua missão é mais ou menos temporária. Só atuam por ordem ou permissão dos Espíritos Protetores.

3. **Espíritos simpáticos**: aqueles que se afinam com nossas tendências. Por isto, podem nos inspirar boas ou más ideias, conforme forem os sentimentos com que os atrairemos. Essa relação espiritual está intrinsecamente ligada ao caráter do homem.

A prece aos anjos guardiães e Espíritos Protetores deve ter por fim solicitar a sua intervenção junto a Deus, ao lhes pedirmos a força de que necessitamos para resistir às más sugestões e sua assistência para enfrentarmos as necessidades da vida.

12 – Prece – Espíritos sábios e benevolentes, mensageiros de Deus, cuja missão é assistir aos homens e conduzi-los pelo bom caminho, amparai-me nas provas desta vida; dai-me a força de sofrê-las sem lamentações; desviai de mim os maus pensamentos, e fazei que eu não dê acesso a nenhum dos maus Espíritos que tentariam induzir-me ao mal. Esclarecei a minha consciência sobre os meus próprios defeitos, e tirai-me dos olhos o véu do orgulho, que poderia impedir-me de percebê-los e de confessá-los a mim mesmo. Vós, sobretudo, meu Anjo Guardião, que velais mais particularmente por mim, e vós todos, Espíritos Protetores, que vos interessais por mim, fazei que eu me torne digno da vossa benevolência. Vós conheceis as minhas necessidades; que elas sejam satisfeitas segundo a vontade de Deus.

(O Evangelho segundo o Espiritismo.)

"Qual é a missão do Espírito Protetor?
Resposta: A de um pai para com os filhos: conduzir o seu protegido pelo bom caminho, ajudá-lo com os seus conselhos, consolá-lo nas suas aflições, sustentar sua coragem nas provas da vida."
(Allan Kardec, *O Livro dos Espíritos*, questão 491.)

16
NEM SEMPRE A CONVIVÊNCIA COM O SOBRENATURAL É TRANQUILA

Afluía também muita gente das cidades
vizinhas a Jerusalém, levando doentes
e atormentados de Espíritos imundos,
os quais eram todos curados.
(Atos 5:16.)

Às vezes, os amiguinhos imaginários são substituídos por monstros, que atrapalham o sono dos pequenos e os tornam arredios, agressivos ou profundamente tímidos, retraídos.

A ação de espíritos infelizes sobre os encarnados ocorre quando os espíritos desencarnados não conseguem se desprender do plano físico, seja por não terem se dado conta da morte, seja por não a aceitarem.

Lembrando o que falamos nas primeiras páginas deste livro, como somos pessoas preexistentes, ou seja, já tivemos outras encarnações, e no uso do livre-arbítrio granjeamos o bem e o mal, é possível que o espírito que hoje se encontra na condição de perseguidor da criança, ou mesmo de algum familiar, esteja ligado a eles em função de desavenças e cobranças de uma vida pregressa.

Aliado a isso, se o ambiente e as condições da família permitirem, mais fácil será o acesso à criança, que é mais sensível, conforme relatado por pais atônitos que nos procuram na casa espírita.

Kardec, em *O Livro dos Médiuns*[1], capítulo XXI, traz-nos o tema "Influência do Meio", com respostas a essas situações, pois estamos rodeados de espíritos que nos influenciam segundo afinidades e grau de elevação ou inferioridade.

É importante lembrar que muitas vezes os bons espíritos permitem a influência negativa como uma chamada de atenção aos pais sobre os rumos de suas vidas espirituais.

É assim que os pais são chamados a buscar soluções, primeiramente procurando-a em consultórios médicos e acabando por bater à casa espírita, onde a criança será encaminhada aos tratamentos com passes que dispersam essas energias negativas e reequilibram a família, que deverá dar, no dia a dia, continuidade a um ambiente favorável às boas energias, fruto de pensamentos e atos superiores, como o hábito da oração, a prática do Evangelho no Lar (veja o roteiro ao final deste capítulo), o cultivo de ambiente mental superior, com cuidados com os "lixos mentais", que devem ser afastados no viver e conviver familiar.

Não podemos descartar também que a criança mantida em ambiente em que a televisão traz filmes

---

1 Allan Kardec. *O Livro dos Médiuns*, capítulo 21.

O DESPERTAR DA MEDIUNIDADE

assustadores, em que há jogos virtuais sobrecarregados de agitação ou o uso desregrado de computador e celular acaba por ser bombardeada com imagens e muita ação. Essa criança, ao recolher-se para dormir, irá devolver essas mesmas imagens agressivas e perturbadoras, inibidoras de um sono tranquilo.

Médicos psiquiatras espíritas têm nos alertados de que, além desses cuidados de proteção espiritual, os cuidados clínicos são importantes, ocorrendo casos em que o medicamento virá como terapia auxiliar.

Assim, descartadas as possibilidades de fantasias e distúrbios psíquicos, colhendo-se exames neurológicos, tendo fechado as possibilidades físicas, busquem a casa espírita, que muito poderá ajudar.

Pais ou responsáveis atentos devem buscar, além das vacinas obtidas em postos de saúde, também ser vacinados contra ambientes nocivos espiritualmente, cuidando do mundo mental e espiritual.

Ora, o lar descompromissado com a higiene mental e espiritual favorecerá a influência de espíritos infelizes, principalmente às mentes infantis, posto que mais sensíveis.

Por isso, os espíritos benfeitores, quando das orientações espirituais na casa espírita – destaco principalmente às equipes espirituais com quem fomos beneficiados na Evangelização Infantil – eram unânimes em orientar os pais sobre os cuidados com nossa postura ética e moral no lar: cuidado com programas e filmes que venham a assistir cujos conteúdos não interessem nem aos pais e muito menos ao telespectador jovem ou infantil, pois energias atraem energias de mesmo teor, e assim criamos em torno de nós um campo salutar ou tóxico, dependendo de que ambiente temos construído e compartilhado com os nossos familiares.

Como nos diz o apóstolo Paulo em carta aos hebreus (Hebreus 12:1): "É toda uma imensa população invisível que nos acompanha e influencia", e ainda "Somos rodeados por uma nuvem de testemunhas", que, não raro, nos manipulam como se fôssemos marionetes, conforme questão 459 de *O Livro dos Espíritos*: "Influem os Espíritos em nossos pensamentos e em nossos atos? A resposta é objetiva: 'Muito mais do que imaginais. Influem a tal ponto, que, de ordinário, *são eles que vos dirigem*'".

Levando-se em conta o atual estágio de evolução da Terra, em tempos de transição,[2] todos nós devemos nos manter em guarda, pois influenciamos e podemos ser influenciados por mentes em desalinho.

Allan Kardec, em *O Livro dos Espíritos*, pergunta 466, mostra-nos o alerta e o consolo: "Se sois inclinados ao

---

2 *Transição planetária*: "Para que na Terra sejam felizes os homens, preciso é que somente a povoem Espíritos bons, encarnados e desencarnados, que somente ao bem se dediquem. Havendo chegado o tempo, grande emigração se verifica dos que a habitam: a dos que praticam o mal pelo mal, ainda não tocados pelo sentimento do bem, os quais, já não sendo dignos do planeta transformado, serão excluídos, porque, senão, lhe ocasionariam de novo perturbação e confusão e constituiriam obstáculo ao progresso. Substituí-los-ão Espíritos melhores, que farão reinem em seu seio a justiça, a paz e a fraternidade." "A época atual é de transição; confundem-se os elementos das duas gerações. Colocados no ponto intermédio, assistimos à partida de uma e à chegada da outra, já se assinalando cada uma, no mundo, pelos caracteres que lhes são peculiares." (Allan Kardec. *A Gênese*, capítulo XVIII – A geração nova, itens 27 e 28.)

homicídio, pois bem! Tereis uma multidão de Espíritos que alimentarão esse pensamento em vós. Mas tereis também *outros Espíritos que se empenharão para vos influenciar ao bem*, o que faz restabelecer o equilíbrio e vos deixa o comando dos vossos atos".

Portanto, os momentos desafiadores são oportunidades de aproveitarmos esses alertas que a vida nos traz e observar em seu lar crianças e jovens que, por sua inexperiência e fragilidades emocionais, serão os *termômetros espirituais* a nos pedir atenção e reequilíbrio na caminhada, sendo os pais coparticipantes nesse processo.

Para tanto, devemos estudar a Doutrina Espírita e nos dispormos a estabelecer, no viver e conviver do lar, um clima vibratório de harmonia e paz; assim, mais felizes seremos.

Também podemos contar com a casa espírita, através de palestras esclarecedoras e trabalhos específicos, onde espíritos infelizes, que possam estar nos acompanhando, serão acolhidos e tratados pelos benfeitores espirituais, pondo fim a caminhos de desencontro e desamor.

Depende de nós sermos felizes já!

Quando, no plano espiritual, despertos para o alcance de nossos erros, das nossas mazelas morais, conscientes dos nossos compromissos que assumimos com os outros e que, na maioria das vezes, falimos, solicitamos aos instrutores espirituais um novo retorno à vida física, carregando as provas necessárias para o nosso ressarcimento, reencontrando assim as almas simpáticas, as almas adversárias que farão parte do mecanismo de aprendizado e abraçando a responsabilidade perante os nossos tutores espirituais, que zelam pelo nosso progresso. Assim, nos reunimos em família, no mesmo ambiente, através dos Laços de Família.

(Do livro *SOS família*, espírito Joanna de Ângelis e espíritos diversos, médium Divaldo P. Franco. Salvador (BA): Leal, 1994.)

ROTEIRO PARA REALIZAÇÃO DO EVANGELHO NO LAR

MARCAR DIA E HORÁRIO

Escolher um dia e horário da semana e convidar todos aqueles que moram conosco; se não puderem ou não quiserem participar, faremos sozinhos, só fisicamente, na certeza de que Jesus se fará presente através de seus Mensageiros.

PRECE INICIAL

Prece simples e espontânea. Podemos fazer a prece do Pai-Nosso, ensinada por Jesus, pausadamente, prestando atenção em todas as suas frases.

LEITURA DO EVANGELHO DE JESUS

Utilizando *O Evangelho segundo o Espiritismo*, começar no capítulo 1 e ir até o capítulo 28 na Oração Dominical (Pai-Nosso), lendo um item ou um pequeno trecho, sempre em sequência. Se houver crianças ou adolescentes, convidá-los para participar, utilizando um livro espírita infantil; se souberem ler, pedir que leiam e participem, procurando fazê-lo de forma mais rápida, pois ainda não têm concentração como a de um adulto.

COMENTÁRIOS SOBRE O TEXTO LIDO

Refletir sobre a leitura, relendo as frases que mais chamaram a atenção.

Devem ser breves e simples, com participação de todos os presentes que quiserem. Evitar criticar os comentários das outras pessoas e procurar usar as orientações lidas para *nós mesmos*. *Nunca usar esse horário* para "lavar roupas sujas".

VIBRAÇÕES

Vibrar é emitir e doar sentimentos e pensamentos de amor, tranquilidade, saúde e paz. Vibrar é amar em pensamento!

Vibrar pela fraternidade, paz e equilíbrio de toda a humanidade.

Vibrar pela expansão e vivência da mensagem de Jesus em todos os lares.

Vibrar pelo nosso lar, envolvendo a nossa família em vibrações de amor e harmonia, para que haja união e paz entre todos.

PRECE DE ENCERRAMENTO

Simples e espontânea, agradecendo a Deus todo o amparo que nos dá e que muita vez nem percebemos. Aqui também podemos fazer a prece do Pai-Nosso, ensinada por Jesus, pausadamente, prestando atenção em todas as suas frases.

Observação: Lembrar que quando as crianças participam, o tempo do Evangelho deve ser menor, pois normalmente, não têm a concentração do adulto. Sugerimos pedir a elas ajuda na leitura, na prece, pedir sugestão de livros, que se adequem à menor faixa etária, dos participantes. Sugerimos o *Evangelho no Lar para crianças de 8 a 80 anos*, do espírito Meimei, psicografia de Miltes Carvalho Bonna, da editora Petit. Não se esqueça de que o horário do Evangelho é sagrado, e não momento de "lavagem de roupa suja".

"A primeira ideia que uma criança precisa ter é a da diferença entre o bem e o mal, e a principal função do educador é cuidar para que ela não confunda o bem com a passividade e o mal com a atividade. (Maria Montessori.[3])

MEDIUNIDADE E MORAL

O desenvolvimento da mediunidade se processa na razão do desenvolvimento moral do médium?
– Não, a faculdade propriamente dita é orgânica e portanto independe da moral. Mas já não acontece o mesmo com seu uso, que pode ser bom ou mau, segundo as qualidades do médium.
(Allan Kardec, *O Livro dos Médiuns*, Capítulo 20 – item 226, parágrafo 1.)

---

3 Maria Tecla Artemisia Montessori (1870/1952) foi uma educadora, médica e pedagoga italiana. É conhecida pelo método educativo que desenvolveu e que ainda é usado hoje em escolas públicas e privadas mundo afora. Destacou a importância da liberdade, da atividade e do estímulo para o desenvolvimento físico e mental das crianças. (Disponível em: HYPERLINK "https://pt.wikipedia.org/wiki/Maria_Montessori" Fonte: *Wikipédia* . Acesso em 05 jul 2022.

17

SEU FILHO NÃO ESTÁ DORMINDO BEM?

Nos primeiros anos da vida física, o bebê, pelo sono físico, mantém vínculos bastante estreitos e intensos com o mundo espiritual, de onde acaba de chegar, sendo a presença de seu espírito protetor muito próxima, no intuito de sustentá-lo nesse recomeço.

O espírito está sensível e se readequando a sua nova realidade, e carece de toda a atenção dos familiares, inclusive quanto ao ambiente espiritual que encontra no novo lar. Mas nem sempre o ambiente que esse novo serzinho encontra é compatível com sua sensibilidade, e muitas vezes, mesmo com a proteção espiritual, os ambientes não lhe oferecem condições salutares.

Como nossos pensamentos podem prejudicar o bebê?

Allan Kardec, em estudo sobre os fluidos,[1] afirma "que estamos imersos num mar de fluidos e aqueles mais próximos da materialidade, *os menos puros, compõem o que se pode chamar a atmosfera espiritual da Terra*".

Ora, Kardec fala-nos em fluidos que formam a atmosfera espiritual da Terra, um mar de fluidos menos puros, portanto, precisamos nos preocupar em ter em nosso lar ambiente favorável à harmonia de toda a família, com atenção principal às crianças.

Cada lar respira um ambiente espiritual, fruto dos pensamentos de seus moradores. Os espíritos benfeitores nos alertam que os pensamentos criam em torno de nós um campo de energias positivas ou negativas. Influenciamos e somos influenciados pelos pensamentos que emitimos e, consequentemente, que atraímos, daí a preocupação em mantermos pensamentos equilibrados que saneiem o ambiente espiritual do lar, eliminando "lixos mentais", pensamentos negativos, que impregnam-se ao ambiente, absorvidos pelo períspirito e com reflexos no corpo físico. E os bebês, que acabam de chegar ao mundo dos encarnados, são mais sensíveis ainda a essas influências.

As crianças funcionam como um termômetro do lar, pois são como um mata-borrão, absorvendo as energias dos ambientes em que vivem.

---

1 Allan Kardec. *A Gênese*, capítulo 14.

Quando o lar tem ambiente que favorece a presença de espíritos infelizes, ou seja, espíritos ainda inferiores, que encontram campo mental semelhante, adentram o lar e iniciam um trabalho de desequilíbrio entre seus moradores.

Há que se lembrar que, muitas vezes, o recém-reencarnado tem desafetos espirituais que, encontrando guarida, adentram o lar, igualmente para provocar desequilíbrios e até doenças espirituais.

Mesmo que tal aconteça, não se descarta a presença do seu espírito protetor, o denominado anjo da guarda, que busca ajudar esse reencarnante e sua família, pois toda reencarnação visa ao progresso do espírito.

Tais vínculos, todavia, vão se enfraquecendo quanto mais transcorrem os anos. A partir do *sétimo ano* de vida terrena, o espírito gradualmente se torna mais consciente de suas potencialidades e, na adolescência, segundo nos esclarece a questão 385 de *O Livro dos Espíritos*: "o Espírito retoma a natureza que lhe é própria e se mostra qual era".

Muitas vezes, a ciência médica não encontra causas para as doenças, mas as crianças apresentam-se adoentadas, chorosas, com dificuldade de conciliar o sono. Essas pseudodoenças são provenientes das energias negativas que circulam no lar e das quais a criança se ressente mais.

É comum chegarem à nossa casa espírita pais desnorteados e crianças com dificuldade para dormir, apresentando pseudodoenças, comentando inclusive sobre as dificuldade para chegar para o tratamento, só o fazendo com muita persistência, e alguns pequenos, chorando ou aos gritos, demonstram medo pelo ambiente novo. Mas aos poucos essas crianças se acostumam e passam a encarar com naturalidade esse momento, também com a ajuda da postura aquiescente dos pais.

Sempre me recordo de um lindo menininho de pouco mais de três anos que, a cada domingo, quando o carro da família virava a rua que levava ao centro espírita, começava a gritar: "eu não quero ir na casinha de Jesus". Mas, com a persistência dos pais e o transcorrer do tratamento, terminaram as visões e as noites insones, e a harmonia voltou a reinar naquela família.

Nesses casos, a energização pelo passe e a água magnetizada (água fluidificada), aliadas à oração, são poderosos instrumentos de que se vale a espiritualidade na solução dos problemas, mas caberá também aos pais efetuar mudanças na conduta diária em seu recinto doméstico, com hábitos salutares de harmonia, respeito entre a equipe familiar e oração, principalmente com a implantação do Evangelho no Lar, semanalmente.

Vale ressaltar que o apoio familiar é de vital importância para que a criança consiga superar esta primeira fase da infância, quando poderá, em fase seguinte, ter o conhecimento doutrinário e esclarecedor, caso a família venha a frequentar um centro espírita que lhe proporcione estudo, educando com segurança a mediunidade que porventura continue a se manifestar.

As enfermidades espirituais representam uma realidade que temos que considerar e enfrentar, impossíveis de serem ignoradas, sobretudo nos tempos atuais, quando sabemos da existência de um alerta superior, que nos aponta para a urgente necessidade de avaliarmos a nossa conduta moral, desenvolvendo ações e atitudes compatíveis com os ensinamentos de Jesus. Isso envolve a lei de amor, justiça e caridade, já que os benfeitores espirituais nos orientam sobre o fato de que as enfermidades espirituais deixarão de existir quando nos renovarmos no bem.

Ninguém nasce em lar errado; estamos neste grupo familiar não é de hoje, nos conhecemos de vidas pretéritas e contamos com a proteção dos anjos guardiães e com um novo lar, sendo os pais anjos guardiães encarnados, que devem estar atentos em manter o ambiente doméstico resguardado de energias negativas, em prol de um local espiritualmente salutar. Nesse caso, a encarnação só pode dar muito certo.

KARDEC ORIENTA QUANTO ÀS DÚVIDAS DO MÉDIUM E SEU TRABALHO MEDIÚNICO

"Observando com cuidado a si mesmo, facilmente reconhecerá nos escritos muitas coisas que não lhe pertencem, que são mesmo contrárias aos seus pensamentos, prova evidente de que não procedem da sua mente. Que continue, pois, e a dúvida se dissipará com a experiência."
(Allan Kardec, *O Livro dos Médiuns*, capítulo XVII – item 214.)

MANIFESTAÇÕES MEDIÚNICAS EM CRIANÇAS E JOVENS

"As crianças a possuem, por assim dizer, à flor da pele, mas resguardadas pela influência benéfica e controladora dos espíritos protetores, que as religiões chamam de anjos da guarda. *Nessa fase infantil as manifestações mediúnicas são mais de caráter anímico;* as crianças projetam a sua alma nas coisas e nos seres que as rodeiam, recebem as intuições orientadoras dos seus protetores, *às vezes veem e denunciam a presença de espíritos* e não raro transmitem avisos e recados dos espíritos aos familiares, de maneira positiva e direta ou de maneira simbólica e indireta. *Quando passam dos sete ou oito anos integram-se melhor no condicionamento da vida terrena*, desligando-se progressivamente das relações espirituais e *dando mais importância às relações humanas.* O espírito se ajusta no seu escafandro para enfrentar os problemas do mundo. Fecha-se o primeiro ciclo mediúnico, para a seguir abrir-se o segundo.

Considera-se então que a criança não tem mediunidade, a fase anterior é levada à conta da imaginação e da fabulação infantis. É geralmente na adolescência, *a partir dos doze ou treze anos, que se inicia o segundo ciclo.* No *primeiro ciclo* só se deve intervir no processo mediúnico com *preces e passes*, para abrandar as excitações naturais da criança, quase sempre carregadas de reminiscências estranhas do passado carnal ou espiritual. Na *adolescência* o seu corpo já amadureceu o suficiente para que as manifestações mediúnicas se *tornem mais intensas e positivas*. É tempo de encaminhá-la com informações mais precisas sobre o problema mediúnico."

(Trecho do capítulo 1 do livro *Mediunidade*, de J. Herculano Pires. São Paulo: Paideia, 1994)

18
OBSESSÃO EM CRIANÇAS E JOVENS

[...] A obsessão é a ação persistente que um espírito mau exerce sobre um indivíduo.
(*O Evangelho segundo Espiritismo*, capítulo 28, item 81.)

Falar sobre obsessão em poucas linhas é tarefa quase impossível, pois o assunto converge para muitos subitens, mas vamos procurar dar uma noção do assunto, que deverá ser mais bem estudado debruçando-se em obras espíritas específicas, que ensinam sobre esse tema.

Começando, gostaria de pontuar a criança em si, pois, quando a olhamos, dificilmente vemos nela um espírito reencarnado *com uma bagagem de experiências pretéritas, com uma história construída no uso de seu livre-arbítrio,* como qualquer espírito.

Kardec questiona os espíritos superiores[1] quanto à importância do período infantil e obtém como resposta

---

1 Allan Kardec. *O Livro dos Espíritos*, pergunta 383.

ser a oportunidade de esse espírito "aperfeiçoar-se, pois nesse período é mais acessível às impressões que recebe e que podem ajudar o seu adiantamento, para o qual devem contribuir os *que estão encarregados da sua educação"*.

É nesse período que os pais, ou os pais substitutos, devem colaborar para ressignificar velhos hábitos, criar novas condutas com vistas a acertos e crescimento espiritual, nunca esquecendo que renascemos com programas elaborados no mundo espiritual com vistas ao sucesso desse empreendimento chamado reencarnação.

Como falamos no capítulo "Espíritos Protetores", contamos com eles de forma próxima até a idade perto dos sete anos, quando, segundo nos informam os Espíritos Superiores, consolida-se o processo reencarnatório e, após, eles passarão a nos seguir mais à distância, porém sempre emitindo ideias e instruções que nos ajudem no uso do livre-arbítrio, nunca esquecendo que os pais também desempenham essa tarefa, conforme podemos ler na "Prece por uma criança que acaba de nascer"[2]: "[...] O encargo de lhes guiar os primeiros passos e de os encaminhar para o bem cabe a seus pais, que responderão perante Deus pelo desempenho que derem a esse mandato. Para lhos facilitar, foi que Deus fez do *amor paterno e do amor filial* uma Lei da Natureza, lei que jamais se transgride impunemente".

---

2 Allan Kardec. *O Evangelho segundo o Espiritismo*, capítulo XXVIII, item 53.

O DESPERTAR DA MEDIUNIDADE

Assim, renascemos para progredirmos espiritualmente, nunca para retroceder, e contamos com nossos pais nessa missão, que também terão que prestar contas quanto aos esforços que empreenderam para tal fim.

Comentaremos no capítulo "Mediunidade e hereditariedade" que não é ao acaso que nos colocamos neste ou naquele lar. Há toda uma preparação para a reencarnação, já que normalmente o espírito, quando desencarnado, na maioria dos casos, tem mais consciência de sua situação e necessidades espirituais, quando então buscará reajustar erros pretéritos por meio de provas e expiações, lembrando que tal se dará à medida que nos tornamos mais fortalecidos para enfrentá-las, tendo assim chances de sucesso.

As provas, como encontramos em *O Livro dos Espíritos,* questão 269, costumam ser objeto de escolha dos espíritos minimamente lúcidos. Antes da encarnação,[3] o espírito é colocado em situações que o obrigam a sair da inércia que o satisfaz, para que possa trabalhar a melhoria das suas atuais condições espirituais. Os quadros expiatórios representam, ainda que de forma temporária, a contenção da liberdade individual, necessária à educação do espírito. Temos então quadro de doenças físicas e mentais graves, patologias irreversíveis, enfermidades degenerativas, entre tantas outras.

Provação é luta para recompor nosso passado, expiação é pena imposta ao infrator das leis de Deus; em última análise, é o ontem refletindo-se no hoje!

3 Questão 269 de *O Livro dos Espíritos,* de Allan Kardec.

Fica mais fácil entender, assim, que a dor não é uma punição divina, mas um processo inserto na lei de ação e reação: o que plantarmos, colheremos.

Importante esclarecer que alguns seres, em nome do amor, aceitam passar por limitações e dores físicas, com o fim de exemplificar a renúncia, a coragem e sobretudo a paciência; trata-se de dores-crédito, na definição lúcida do autor Huberto Rohden, em seu livro *Por que sofremos*.

O Evangelho de Jesus já nos esclareceu sobre essas exceções, quando lemos na citação de João, capítulo 9, nos itens 1 a 41, que, diante de um cego de nascença, seus discípulos lhe perguntam: "Quem pecou, este ou seus pais?" E Jesus esclarece: "Nem ele pecou nem seus pais; mas foi assim para que se manifestassem nele as obras de Deus".

No livro *O céu e o inferno*[4], de Allan Kardec, temos a explicação de que o arrependimento das faltas cometidas é o elemento-chave para liberar o espírito das provações dolorosas e das expiações. O codificador assim se expressa: "Arrependimento, expiação e reparação são as três condições necessárias para apagar os traços de uma falta e suas consequências. O arrependimento suaviza as dores da expiação, abrindo pela esperança o caminho da reabilitação; só a reparação, contudo, pode anular o efeito, destruindo-lhe a causa".

Passamos a analisar agora os processos de obsessão, causas e soluções.

---

4 Allan Kardec. *O Céu e o Inferno*, capítulo 7, Código penal da vida futura.

Kardec, no livro *A Gênese*,[5] trata da causa da obsessão muito assertivamente: "A obsessão decorre sempre de uma imperfeição moral, que dá ascendência a um Espírito mau", e, em *O Livro dos Médiuns*,[6] afirma que obsessão é "o domínio que alguns Espíritos podem adquirir sobre certas pessoas. São sempre os Espíritos inferiores que procuram dominar, pois os bons não exercem nenhum constrangimento".

No Evangelho, temos, no relato de Mateus (9:17-18) e de Marcos (9:28-29), um pai que busca Jesus para pedir-lhe que liberte seu filho, uma criança dominada por espírito malfeitor, ou, mais acertado seria dizer, cobrador: "– Eu pedi aos seus discípulos que expulsassem o espírito, mas eles não foram capazes de fazê-lo". Jesus diz ao pai aflito: "Traga-o aqui", e expulsou o "demônio".

Interessante essa passagem, pois depois os discípulos perguntam ao Mestre: "Por que nós não conseguimos expulsá-los?" Jesus explica que foi *pela falta de fé*, dizendo: "Essa espécie só sai por oração".

Diante dessas premissas, quando pensamos em obsessão e crianças, somos convidados a relembrar que a criança é um espírito preexistente, que traz parte de seu passado projetado no hoje e pode estar sujeita à influência espiritual e, se for negativa, perniciosa, persistente, estaremos diante de um caso de obsessão que pode ser definida como uma patologia de ordem espiritual.

---

5 Allan Kardec. *A Gênese*, capítulo XIV, item 46.

6 Allan Kardec. *O Livro dos Médiuns*, itens 237 e seguintes.

A palavra *obsessão* é, portanto, um termo genérico pelo qual se designa o conjunto desses fenômenos, sendo que Kardec propõe graus de domínio do espírito sobre o encarnado: a obsessão simples, a fascinação e a subjugação, termos que Kardec usa em substituição a *possessão*, encontrado no Antigo e Novo Testamentos, já que nenhum espírito "entra" no corpo do encarnado, pois a ligação entre o encarnado e o desencarnado se dá de mente a mente, pela sintonia entre ambos.

A ciência, por meio do Código Internacional de Doenças (CID) 10, apresenta o F.44.3: "estado de transe e possessão", ou seja, esse estado é avaliado como um transtorno de causa orgânica ou psicogênica, antigamente conhecido como doença histérica. As doenças psicogênicas não têm nenhuma causa física aparente, o que as torna de difícil diagnóstico e ainda mais difíceis de se tratar se não se socorrer de causas além do físico, pois a obsessão, como dito anteriormente, é definida como uma patologia de ordem espiritual.

Analisando a classificação apresentada por Kardec, temos que a *obsessão simples* ocorre quando um espírito malfazejo se impõe ao encarnado em ação intermitente. Mesmo que o espírito mau busque impedir a aproximação de espíritos bons, estes poderão acessá-lo e ajudá-lo.

A obsessão também pode ocorrer com médiuns que não se preocupam com a reforma íntima, atraindo espíritos descompromissados com o bem, que visam prejudicar.

A obsessão, se não cuidada nem combatida, chegará ao grau da *fascinação,* com consequências mais graves. É uma influência suave, imperceptível, porém, de forma traiçoeira e ardilosa, os espíritos exercerão interferência de ideias, pensamentos, insuflando sentimentos negativos sobre o encarnado. Nessa ligação, levarão a criatura a uma confiança cega, como na aceitação de doutrinas e teorias falsas, pois esses espíritos, no intuito de serem aceitos, usarão o nome de Deus, e muitas vezes se utilizarão de nomes de pessoas famosas e respeitáveis, o que pode levá-los a ações ridículas, comprometedoras e perigosas. Em resumo, tomam conta dos pensamentos dos encarnados que não conseguem julgar suas ações e atitudes. Kardec nos alerta que a fascinação é mais comum do que se imagina.

Na *subjugação,* a vontade da vítima é totalmente paralisada, sendo controlada a sua vontade, levando o encarnado a realizar coisas contra seus princípios e desejos.

A subjugação poderá ser corpórea e moral. Na corpórea, o espírito obsessor age sobre seus órgãos, provocando movimentos involuntários, sem conexão com a realidade. Já na subjugação moral, a vítima tomará decisões aparentemente absurdas, incoerentes, comprometedoras, mas para ela tudo segue dentro da normalidade, como se fossem sensatas.

Muitos médiuns psicógrafos, por exemplo, subjugados, passam a escrever sem parar, expondo-se ao ridículo, sem perceber.

O fato é que o obsessor de agora foi alguém que conviveu de forma próxima ao atual obsedado em vivências passadas, em ocorrências que geraram ódio, ou seja, um amor que adoeceu.[7]

A ausência do perdão gera o ódio, a vingança, e, na busca por justiça pelas próprias mãos, temos as obsessões, que na realidade são cobranças dolorosas.

Apesar do esquecimento bendito de outras reencarnações, podemos às vezes senti-lo, como "um perfume", que chega nos envolvendo, vindo de experiências pretéritas.

Muitas vezes somos "descobertos" pelos antigos desafetos, que iniciam uma peleja mental ante a nossa sintonia mental idêntica, permitindo tal ligação.

Assim, se a obsessão consiste na tenacidade de um espírito, do qual não se consegue desembaraçar, muitas serão as nuances envolvendo esses processos de obsessão, uns mais e outros menos graves, mas em todos pede-se trabalho de renovação íntima do encarnado.

No livro *Tratamento da obsessão*,[8] temos clara a ação das mentes encarnada e desencarnada, que se conectam para início do processo obsessivo:

> O foco central e gerador de todo processo obsessivo localiza-se na própria alma encarnada e nela estão, ao mesmo tempo, todos os elementos que lhe permitem sanear-se dessa enfermidade espiritual de

---

7 "O ódio é o amor que adoeceu" – frase atribuída a Francisco C. Xavier.
8 Roque Jacintho. *Tratamento da obsessão*. 9. ed. São Paulo: Editora Luz do Lar, 1987. p. 43. Capítulo 7 – "Origem das obsessões".

extrema gravidade. Somente a atitude mental desajustada do encarnado é que sustenta os liames por onde o mal se instala e se alimenta, sendo que o Espírito desencarnado, coparticipante do fenômeno, é uma réplica do estado espiritual daquele que se encontra matriculado na escola terrena.

O Evangelho segundo o Espiritismo, no capítulo "Reconciliar-se com os adversários", diz que os espíritos vingativos perseguem sempre com o seu ódio, além da sepultura, aqueles que ainda são objeto do seu rancor. Daí ser falso, quando aplicado ao homem, o provérbio: "Morto o cão, acaba a raiva".

19
O PAPEL DA FAMÍLIA E DA CASA ESPÍRITA NOS CASOS DA OBSESSÃO

Na busca de nosso progresso espiritual indispensável, reencarnaremos quantas vezes forem necessárias, e para este retorno ao mundo material contamos com nossos familiares ou familiares substitutos, além daqueles que, permanecendo na espiritualidade, nos apoiarão e inspirarão para lograrmos êxito nessa empreitada.

Assim, acredito que a família funcione como "um laboratório", em que cada pessoa é um elemento diferente, por meio do qual as experiências vivenciadas nos levarão à conquista do amor incondicional.

Kardec, na pergunta 775 de *O Livro dos Espíritos*, esclarece-nos que "A família é a base fundamental sobre a qual se ergue o imenso edifício da sociedade", sendo ela um importante reencontro de grupos familiares afins para se atingir a pureza na fraternidade espiritual, já que trazemos um passado comprometido com as leis divinas e, para repará-lo, contamos com a ajuda daqueles que se comprometeram a nos ajudar.

Em cada encarnação alternam-se conquistas até que se abram possibilidades de reajuste, e, sob o toque da renúncia, do amor e do perdão, o conjunto familiar vai se ajudando mutuamente e prosseguindo na ascensão espiritual que, mais dia, menos dia, obteremos.

Chega-se à conclusão de que, seja em crianças como em adultos, a gênese e os motivos que embasam a obsessão são idênticos, pois estão assentados em raízes de nosso pretérito.

Não podemos deixar de falar que no meio espírita temos uma divisão de opiniões, pois, enquanto alguns defendem que na fase infantil não ocorrem obsessões, já que as crianças contam com proteção espiritual intensa nos primeiros anos de vida, outros defendem, ante as evidências que chegam à casa espírita em busca de ajuda espiritual, que elas sofrem perseguições pertinazes.

O certo é que, identificada a necessidade de tratamento espiritual, a família deve procurar a casa espírita, pois, por intermédio dos passes (fluidoterapia), da magnetização da água (água fluidificada) e principalmente das palestras esclarecedoras do Evangelho de Jesus, será orientada sobre como proceder para ajudar a criança.

Orientam-nos os espíritos amigos que as preleções, de qualquer grupo religioso ou aquelas que buscam disseminar o bem, que esclarecem e consolam, atendem a todos aqueles que ali se encontrem, encarnados ou suas companhias espirituais, trazendo curas espirituais, muitas vezes com consequências físicas.

Não raro ouvimos relatos do público de nossas casas espíritas falando que são acometidos de um sono incontrolável nesses momentos, e os benfeitores espirituais são assertivos quando afirmam que "a mente indisciplinada, acostumada ao trivial, recusa atenção e interesse no esforço novo", indicando-nos "insistência e perseverança". Pedem que leiamos pequenos trechos de textos positivos, meditemos, escrevamos pequenas frases que alentam, num exercício de mudança e sucesso no empreendimento.

Após esse trabalho público, as casas espíritas contam com as chamadas reuniões de desobsessão, ou reuniões de auxílio e fraternidade, compostas de médiuns experientes, na oportunidade de ouvirmos os espíritos, que passam relatos complicados de ciúmes, traições, assassinatos e toda sorte de mau proceder, em que aquele que se acredita prejudicado busca reencontrar seu desafeto e impor-lhe o sofrimento, a fim de que a vingança se perpetue, até que a lei divina venha intervir e ajudar os dois lados dessa peleja.

O codificador Allan Kardec esclareceu-nos quanto à não participação de assistidos (crianças ou adultos) em reuniões chamadas de desobsessão, as quais deverão ser reservadas aos médiuns e coordenadores experientes e conhecedores da Doutrina Espírita.

Finalizando esse pequeno estudo sobre obsessão, concluímos que sua incidência na infância mostra-se como uma prova ou expiação de difícil curso, chamando a atenção dos pais para a necessidade de maiores cuidados quanto à moral e à índole da criança e também da própria família.

A mensagem da Doutrina Espírita aos pais que passam por situações como essas com seus filhinhos é a mesma de Jesus, quando curou a menina obsidiada da mulher cananeia: "– Oh! Mulher! Grande é a tua fé. Seja isso feito para contigo, como tu desejas. E desde aquela hora, sua filha foi curada" (Mateus 15:28).

> "DO MESMO MODO QUE AS DOENÇAS RESULTAM DAS IMPERFEIÇÕES FÍSICAS, QUE TORNAM O CORPO ACESSÍVEL ÀS PERNICIOSAS INFLUÊNCIAS EXTERIORES, A OBSESSÃO É SEMPRE RESULTADO DE UMA IMPERFEIÇÃO MORAL QUE DÁ ACESSO A UM ESPÍRITO MAU." (*O Evangelho segundo o Espiritismo*, capítulo XXVIII, item 81.)
>
> "Todas as imperfeições morais são portas abertas aos Espíritos maus." (Allan Kardec, O Livro dos Médiuns, capítulo XX.)

20
MEDO DE ESPÍRITOS

Você deve se perguntar: – Quem são os espíritos?

Kardec também teve essa dúvida, pois na questão 76 de *O Livro dos Espíritos* questiona o Espírito da Verdade: "Como podemos definir os Espíritos? E ele responde: – Podemos dizer que os Espíritos são os seres inteligentes da Criação. Eles povoam o Universo, além do mundo material".

E por que então temos medo deles, se também somos espíritos, temporariamente habitando um corpo, em trânsito para a angelitude?!

Quando se fala de espíritos, logo imaginamos casas mal-assombradas, barulhos inexplicáveis, vultos que nos espreitam, barulhos e móveis que se movimentam.

Foi no século XIX, exatamente em 1855, que Kardec tomou conhecimento das *mesas girantes* pela primeira vez, a coqueluche dos ricos salões de Paris, na França, quando então ele iniciou sua pesquisa e, graças a ela, temos a Doutrina espírita, que nos demonstrou a existência dos espíritos e sua influência no mundo físico.

Sobre essa influência, os Espíritos Superiores, respondendo à questão 459 de *O Livro dos Espíritos*, afirmam: "Muito mais do que imaginais. Influem a tal ponto, que, de ordinário, são eles que vos dirigem".

Talvez daí venha nosso medo, pois ter medo de espíritos é atávico; mas, se atentarmos à nossa própria condição, somos espíritos, criados por Deus, temporariamente num corpo físico!

Transcrevemos a seguir trecho do artigo "*Nossos medos – causas e terapêutica:*[1]

"[...] Vivemos imersos num oceano de vibrações, das mentes de encarnados e de desencarnados e, por sintonia vibratória, entramos em contato com essas diversas vibrações, podendo então receber e impor tais influências, conforme nossa vontade.

Podemos considerar as influências espirituais inferiores como geradores ou agravantes dos sintomas de medos. Tais influências ocorrem através de "clichês" mentais (indução telepática) por sintonia vibratória, com "ressonância no inconsciente profundo, onde estão armazenadas as experiências reencarnatórias, ou os

---

1 Publicado em fevereiro de 2009 na *Revista Internacional de Espiritismo*, por Osmar Marthi. Disponível em: https://centroespiritaleocadio.org.br/nossos-medos-causas-e-terapeutica/ Acessado em: 05 jul. 2022

"agentes" desencarnados, que na verdade são irmãos nossos em humanidade, aos quais devemos respeito e caridade, que atuam em nossa mente, quando nossos pensamentos entram na mesma faixa vibratória que a deles, atingindo nossas experiências malogradas do pretérito, fazendo com que estas ressoem em nosso ser."

Quem nunca sentiu que está sendo observado sem que haja presença física no ambiente? Quem nunca teve um sonho premonitório, arrepios ao adentrar determinados ambientes, sem causas físicas que determinassem essas sensações?

Como já destaquei em texto anterior, é comum ouvir dos participantes do nosso Grupo de Acolhimento a Enlutados que, apesar de amarem muitos seus queridos que partiram antes, oram para que não lhes apareçam, temem a presença deles, pelo fato de agora estarem na condição de espíritos!

É paradoxal, mas, em contrapartida, muitos afirmam sentir a presença de seus queridos que partiram em momentos graves de decisões ou, às vezes, de repente têm a sensação de que eles estão por ali, visitando-os, e se sentem presenteados pela visita.

Em 1985, quando estava grávida de nosso primeiro filho, mudamos para nossa atual casa e, na primeira noite, exaustos, deitamos, eu e meu marido, mais cedo. Iniciava o relaxamento do corpo físico, quando senti um hálito, como um rosto sobre o meu, que não me tocava, mas era próximo. Pensei tratar-se de meu marido e imediatamente tentei tocar sua perna e percebi que não era ele. Fui fulminada por um tremor de medo, pensando ser um assaltante e, ao mesmo tempo, procurava relaxar, pois estava grávida e poderia prejudicar o bebê. Nesse átimo de pensamento, vi, através das paredes, pela clarividência, já no corredor, um senhor de pijamas. Vi os detalhes da roupa e relaxei: um espírito, ainda bem!

Chamei meu marido, contei a experiência, oramos por ele e fomos dormir.

Passaram-se alguns meses, até que um dia, conversando com nossa vizinha, messiânica, que cultivava lembranças dos antepassados, senti abertura para contar-lhe o fato, e ela disse que meu relato coincidia com seu sogro, que usava aquele tipo de pijama e morrera naquele quarto, há anos.

Essa casa também guardou outro episódio, agora envolvendo a vidência de espíritos e medo.

Após o nascimento de nosso filho e as visitas costumeiras dos amigos ao bebê, recebemos certa noite um casal cuja esposa, médium vidente extraordinária, mas que paradoxalmente temia espíritos, em certo momento pediu ao marido que a acompanhasse ao banheiro. Ele estranhou e ela confessou: "Quando entrei aqui, vi um moço na escada de uniforme branco, com uma faca na mão e todo ensanguentado!"

Foi aí que meu marido nos contou que o anterior proprietário ficara pouco tempo na casa e voltara para Portugal, pois, dono de um açougue, tinha como colaborador seu filho e, certa manhã, em casa, desentenderam-se. O rapaz, nervoso, saiu de casa descontrolado e, ao iniciar seu trabalho e cortar uma peça dependurada na câmara frigorífica, acertou uma veia importante da perna e acabou por desencarnar, antes de chegar o socorro.

Os primeiros meses morando nessa casa foram de intensos Evangelhos no Lar e tratamento na casa espírita; nunca mais tivemos qualquer tipo de situação semelhante.

Como se vê, cada um tem uma atitude quando o assunto é relacionado a ver espíritos, o que me faz lembrar do icônico filme *Sexto sentido*, em que o personagem da criança disse: *"I see dead people!"* ("Eu vejo gente morta!").[2]

Lembramos ainda que o desconhecido nos assusta, então, estudemos a Doutrina Espírita e encontremos entendimento, expulsando de nós esse medo que em nada nos ajuda.

Jesus, há dois mil anos, já nos aconselhava: "Conhecereis a Verdade, e ela vos libertará" (João 8:32).

---

2 *O sexto sentido* é um filme estadunidense de 1999, dos gêneros drama e suspense, escrito e dirigido por M. Night Shyamalan. (Fonte: *Wikipédia*)

21
ESPÍRITOS QUE SE APRESENTAM COMO CRIANÇAS

É comum crianças afirmarem que brincam e conversam com crianças espirituais, e muitas vezes pessoas nos perguntam se há a possibilidade de intercâmbio mediúnico entre nós e espíritos que permanecem na condição de crianças na vida espiritual.

Vejamos o que diz *O Livro dos Espíritos* na questão 381: "Por morte da criança, readquire o Espírito, imediatamente, o seu precedente vigor? Resposta: Assim tem que ser, pois que se vê desembaraçado de seu invólucro corporal. *Entretanto, não readquire a anterior lucidez, senão quando se tenha completamente separado daquele envoltório, isto é, quando mais nenhum laço exista entre ele e o corpo".*

Importa destacar que nesta resposta Kardec obtém dos espíritos um sim, pois deixa o corpo físico, que é uma "gaiola" para o espírito, mas esclarecem ainda que o desencarnado "não adquire a anterior lucidez", pois todo espírito que desencarna, não somente a criança, leva um tempo mais ou menos longo, dependendo de seu adiantamento moral, para se desligar do corpo físico e da última personalidade vivida na carne.

Os espíritos benfeitores, pela mediunidade de inúmeros médiuns, são unânimes em esclarecer-nos que a maioria que desencarna passa pelo que se denomina perturbação ou crise da morte, sendo que pode ser para alguns de duração curta, ou, para outros, demorada, como semanas, anos, décadas.

Assim, a depender da evolução espiritual do desencarnante, crianças ou jovens passarão pelo processo do desenvolvimento físico, não permanecendo como crianças, mas apoderando-se de sua bagagem moral e intelectual conquistada nas precedentes encarnações, e, se idosos, rejuvenescerão.

Afirmam ainda os benfeitores espirituais que não existem dois nascimentos e dois desencarnes iguais, pois diferentes são os estados de evolução de cada criatura, mas tanto para encarnar quanto para desencarnar sempre contaremos com a bondade divina e a ajuda e o amparo de encarnados ou desencarnados na adequação do novo momento da vida.

No livro *Violetas na janela*,[1] o espírito de uma jovem, Patrícia, relata seu período de adequação à espiritualidade: "Por muitas vezes acordei, para logo em

---

1 *Violetas na janela*, ditado pelo espírito Patrícia, psicografia de Vera Lúcia Marinzeck de Carvalho. São Paulo: Petit, 1993. capítulo 1.

seguida adormecer. Neste período, desperta, observei o local onde estava. [...] estava extremamente bem. Ouvia a voz de meu pai, ou melhor, sentia as palavras: 'Patrícia, filha querida, dorme tranquila, amigos velam por você. Esteja em paz'. Embora essas palavras fossem ditas com muito carinho, eram ordens. Sentia-me protegida e amparada".

O nosso querido médium Divaldo Pereira Franco, em suas palestras, relatou que, quando criança, com cinco anos, tinha um companheiro da mesma idade, um indiozinho de nome Jaguaraçu.

Comentou que à medida que ele crescia o mesmo ocorria com o indiozinho. Brincavam, corriam, conversavam muito, a ponto de seus familiares estranharem as conversas e os risos "solitários". Tentava explicar à mãe, que não acreditava. Quando Divaldo completou doze anos, seu amigo disse-lhe que iria se preparar para reencarnar, o que lhe causou grande dor e susto, por identificar que ele não era uma criança física! Muito provavelmente esse espírito, que se apresentava como uma criança, na verdade era um Espírito Protetor.

Allan Kardec, sobre esse assunto, escreveu na *Revista Espírita* de janeiro de 1859, sob o título "O Fantasma de Bayonne", as manifestações de uma criança desencarnada registrada na residência de uma família de Bayonne, cidade localizada ao sul da França, sendo que Kardec evocou tal espírito na Sociedade Espírita de Paris, e ele foi visto com os traços de uma criança entre dez e doze anos de idade, cabelos negros e ondulados, tez pálida, olhos negros e vivos, traços esses que coincidiam com os que foram descritos pela irmã do jovem desencarnado quando de suas aparições.

No diálogo com Kardec, o espírito confirmou ser o irmão daquela jovem, que havia desencarnado na idade de quatro anos.

Por que será que um espírito apresentou-se na forma de criança?

Excluindo-se situações de mistificações, temos que considerar duas situações: *para serem reconhecidos*, ou seja, tais espíritos que se mostram como crianças, com linguagem própria da criança, fazem-no com o fim de serem reconhecidos pelos seus familiares e amigos, e objetivam atingir com sua fala as pessoas a quem se dirigem. Também pode ocorrer, por razões particulares, que esses espíritos ainda conservem, no Plano Espiritual, a forma infantil. No capítulo 6 de *O Livro dos Médiuns*, "Manifestações visuais", Kardec questiona aos Espíritos Superiores:

3. É permitido a todos os Espíritos manifestarem-se visivelmente?

— Todos o podem, mas nem sempre têm a permissão nem o desejo de fazê-lo.

4. Com que fim os Espíritos se manifestam visivelmente?

— Isso depende; segundo sua natureza, o fim pode ser bom ou mau.

Assim, os Espíritos Superiores vão discorrendo que, se o fim for mau, é permitido pôr à prova aqueles que os veem, mas os resultados podem tornar-se bons.

O DESPERTAR DA MEDIUNIDADE

Muitos espíritos mostram-se aos encarnados querendo assustá-los ou vingar-se, mas geralmente a intenção é boa, visando o consolo, como prova de sua sobrevivência após o corpo físico, dar conselhos ou pedir assistência para si mesmos.

No caso dos cultos de matriz africana,[2] é comum apresentarem-se espíritos como crianças, da linha de Erês ou de Ibejis, que simbolizam a pureza, a inocência. Seus seguidores esclarecem que é comum pedir-lhes ajuda para seus filhos, mas nunca para o mal, pois eles não atendem pedidos dessa natureza.[3]

Desde 2005, desenvolvemos em nossa casa religiosa[4] um trabalho de acolhimento a quem perdeu um ente querido, o que resultou no livro *Deixe-me partir*,[5] e é comum recebermos pais, mas principalmente mães, que perderam seus filhos ainda pequenos, querendo notícias de seus pequenos queridos.

Muitos pais nos relatam sonhos muito claros com seus filhos desencarnados, que lhes solicitam pararem de chorar, que estão bem, muitas vezes na companhia de outros familiares, ou mesmo trazem ao grupo psicografias consoladoras, obtidas em casas espíritas

---

2 *Religiões de matriz africana* é uma expressão utilizada no Brasil para se referir às religiões que se desenvolveram a partir do processo vindo dos povos escravizados do continente africano. Essa expressão é citada no Estatuto da Igualdade Racial e em outros estudos. (Disponível em: https://pt.wikipedia.org. Acesso em: 5 abr. 2022.)
3 Disponível em: https://umbandaeucurto.com/criancas-na-umbanda/. Acesso em: 5 abr. 2022.
4 Núcleo Assistencial Espírita Paz e Amor em Jesus. Veja o site: www. pazeamor.org.br.
5 *Deixe-me partir*, de Tânia Fernandes Garcia de Carvalho. São Paulo: Petit, 2014.

que se dedicam a essa tarefa, contendo detalhes desconhecidos do médium, numa prova inequívoca de que a vida continua, apenas partiram antes.

[...] Nas regiões umbralinas mais densas não existem crianças, porque não seria admissível que elas, não estando ainda desenvolvidas física e psiquicamente, fossem conviver com essa turba de desalmados e desprovidos de moralidade, não tendo condições de se defender desse meio agressivo, onde impera a lei do mais forte e não a da justiça.
Se aqui na Terra as crianças são protegidas por leis especiais, por que Deus não iria protegê-las nos planos espirituais, alojando-as em ambientes adequados? Devemos nos lembrar de que o desencarne não modifica as pessoas, elas continuarão sendo as mesmas, inclusive no que se refere ao desenvolvimento do corpo físico, embora exista a natural evolução, mas paulatina.
No plano espiritual, portanto, as crianças são internadas em educandários, após passarem pelas enfermarias para a necessária recuperação dos traumas passados pelo desencarne.
(Trecho do livro *Como vivem os espíritos*, de Antônio Fernandes Rodrigues. São Paulo: Petit, 1985.)

> "A partir do nascimento, suas ideias [do Espírito] tomam gradualmente impulso, à medida que os órgãos se desenvolvem, pelo que se pode dizer que, no curso dos primeiros anos, o Espírito é verdadeiramente criança, por se acharem ainda adormecidas as ideias que lhe formam o fundo do caráter." (*O Evangelho segundo o Espiritismo*, cap. VIII, item 4.)

22
MEDIUNIDADE E HEREDITARIEDADE

Em nossas entrevistas na casa espírita junto aos pais que nos procuram na Evangelização Infantojuvenil, é comum ouvir que possuem mediunidade e que seus filhos também dão sinais de que a expressarão.

Será a mediunidade uma condição genética?

Na minha própria família, observo que sim, pois muitos são os médiuns, a começar de meus avós. Um tema muito polêmico no meio espírita, mas cujas pesquisas gostaríamos de compartilhar, visando trazer elementos de convencimento ou não de que a mediunidade se prende às regras da hereditariedade.

Kardec destaca, com relação à função orgânica, que *a faculdade* medianímica *"depende de um organismo mais ou menos sensível"*, para acrescentar em seguida que "os médiuns têm, geralmente, *uma aptidão para tal ou tal ordem de fenômenos, o que lhes resulta tantas variedades quantas sejam as espécies de manifestações.* As principais são os médiuns de efeitos físicos, os médiuns sensitivos ou impressionáveis, audientes, falantes, videntes, sonâmbulos, curadores, pneumatógrafos, escreventes ou psicógrafos".

Os espíritos nos esclarecem que a hereditariedade só entra em ação para atender às necessidades da criatura, assim, caso precise exercer de forma mais expressiva esse sexto sentido, buscará, com a ajuda de técnicas na preparação de sua reencarnação, elementos genéticos dos futuros pais, de maneira a favorecer a expressão desse atributo, do mesmo modo que se dá quando o espírito reencarnante necessite passar por essa ou aquela restrição física, quando então buscará a família que lhe forneça condições genéticas favoráveis à formação de um corpo que atenda às suas necessidades reencarnatórias.

Quanto à mediunidade e suas implicações, o conceituado psiquiatra e pesquisador espírita Sérgio Felipe de Oliveira, idealizador e criador da Universidade Internacional de Ciências do Espírito (Uniespírito), em entrevista ao Programa Transição, comandado por Del Mar Franco, falando da mediunidade em mulheres, homens e crianças,[1] afirma aos pais que desde cedo a criança precisa ser acompanhada em seus aspectos psicológicos, educativos e afetivos, sendo preparada para a vida. Ela deve ser também observada sob os aspectos

---

1 Disponível em: https://www.youtube.com/watch?v=RcZIpfPOxJM. Acesso em: 10 mar. 2022.

espirituais e em relação à mediunidade, sobretudo quando a mediunidade amadurece biologicamente, "quando se torna púbere, sua fase fértil, é aí que a mediunidade 'estoura' *do ponto de vista biológico".*

O conceituado médico psiquiatra, em publicações tanto em seu *site*[2] quanto em sua apostila do Curso Mediúnico, no item "Fenomenologia orgânica e psíquica da mediunidade", afirma ainda, que a ciência reconhece o tema mediunidade, pois classifica por meio do código internacional de enfermidades CID número 10 (F44.3) os estados de transe e possessão por espíritos.

Vai além, afirmando que "do mesmo modo que o Tratado de Psiquiatria de Kaplan e Sadock, da Universidade de Nova York, no capítulo sobre Teorias da Personalidade, faz menção ao assunto; Carl Gustav Jung, em sua primeira obra, analisa o caso de uma médium, uma moça, 'possuída' por um espírito, no estudo que fez dos fenômenos ocultos".

Enfim, arremata o Dr. Sérgio que, mediante essa expressão – *possessão por espíritos* – usada pela Associação Americana de Psiquiatria, no DSM4 – Caso Clínico, há uma abertura para discutir o tema mediunidade, do ponto de vista científico.

Na questão 203 de *O Livro dos Espíritos*, Kardec questiona: "Transmitem os pais aos filhos uma parcela de suas almas, ou se limitam a lhes dar a vida animal a que, mais tarde, outra alma vem adicionar a vida

---

2 Disponível em: https://www.uniespirito.com.br/arquivos/fenomenologia-organica-psiquica-da-mediunidade. Acesso em: 10 mar. 2022.

moral?"E temos a resposta: *"Dão-lhes apenas a vida animal,* pois que a alma é indivisível. Um pai obtuso pode ter filhos inteligentes e vice-versa".

Mais adiante, nas questões 207 e 207-a, Kardec pergunta quanto à hereditariedade e a moral, e obtém do Espírito de Verdade que, *com relação à moral, nada há com a hereditariedade:*

207) Os pais transmitem aos filhos, quase sempre, semelhança física. Transmitem também semelhança moral?

– Não, porque se trata de almas ou Espíritos diferentes. O corpo procede do corpo, mas o Espírito não procede do Espírito. Entre os descendentes das raças, nada mais *existe do que consanguinidade.*

207-a. De onde vêm as semelhanças morais que existem às vezes entre os pais e os filhos?

– São Espíritos simpáticos, *atraídos pela afinidade de suas inclinações.*

Como estudado no primeiro capítulo deste livro, Allan Kardec, em *O Livro dos Médiuns,* capítulo 14, em que destaco e resumo trechos do item 159, coloca a mediunidade em pé de *igualdade com os outros atributos humanos,* reconhecendo nela uma função *orgânica,* ordinária, natural, fisiológica, inerente a todos os seres, embora em graus diferentes; *não constituindo um privilégio, afirmando que são raras as pessoas que não a possuem, pelo menos em estado rudimentar.* Pode-se dizer que todos são mais ou menos médiuns.

Aqui Kardec destaca a mediunidade como uma questão física, "em pé de igualdade com os outros atributos humanos" talvez aí encontremos algum elemento favorável à hipótese de que sendo a mediunidade um tributo físico, pode-se dizer ligado à hereditariedade. Algo a se pensar e estudar.

O certo é que a mediunidade é um instrumento a mais para o sucesso na reencarnação, pois, se utilizada com disciplina e amor, será uma ferramenta de autoevolução e ajuda ao semelhante.

A *Revista Espírita* de fevereiro de 1859, no artigo "Escolhos dos médiuns"[3], afirma que "o dom da mediunidade depende de causas, ainda imperfeitamente conhecidas e nas quais *parece que o físico tem uma grande parte*". E mais adiante orienta: " O mérito, portanto, não está na posse da faculdade medianímica, que a todos pode ser dada, *mas no uso que dela fazemos.* Eis uma distinção capital, que jamais se deve perder de vista: *a boa qualidade do médium não está na facilidade das comunicações, mas unicamente na sua aptidão para só receber as boas*".

A ciência nos esclarece que o nascimento no mundo está ligado às leis biológicas; contudo, em suas características morais, o Espiritismo nos afirma que dependerá da herança que trazemos de nossas conquistas pretéritas e que renascemos num grupo familiar que guarda relações de vivências anteriores entre

---

3 Disponível em: https://kardecpedia.com/roteiro-de-estudos/893/revista-espirita-jornal-de-estudospsicologicos-1859/4509/fevereiro/escolhos-dos-mediuns Acesso em: 12 jul. 2022

seus membros, salvo as exceções de um ou outro espírito, que será inserido nesse grupo para aprender ou ensinar, em um processo de compartilhamento de aprendizados. Assim caminha a evolução espiritual em suas múltiplas reencarnações.

Resumindo, temos que a lei da hereditariedade não é condição determinística; mas não esqueçamos de que *os pais podem transmitir disposições genéticas*, e a mediunidade, como nos ensinam os Espíritos Superiores, é uma *função orgânica,* e embora os pais não transmitam qualidades morais, devemos lembrar que se o médium, no uso desse atributo, a mediunidade, utilizá-la com e para Jesus, melhor se sagrará vitorioso nesse labor.

Gostaríamos ainda de destacar pesquisas de grandes estudiosos do assunto, como a respeitada e estudiosa da mediunidade, Dra. Marlene Nobre, em seu livro o *Dom da mediunidade,*[4] que nos apresenta o estudo de Gabriel Delanne[5], contemporâneo de Kardec, em seu livro *Recherches sur la mediunité* [Pesquisas sobre a mediunidade], abordando os aspectos do corpo

---

4 Marlene Nobre. *O dom da mediunidade*. São Paulo/SP: FE editora, 2007.
5 Gabriel Delanne. Pesquisas sobre mediunidade. Disponível em: http://www.autoresespiritasclassicos.com/Gabriel%20Delanne/1/Gabriel%20Delanne%
Gabriel Delanne fundou a União Espírita Francesa, em 1882, e o jornal *Le spiritisme,* no mesmo ano. Ao lado do filósofo Léon Denis, foi um importante divulgador das ideias espíritas nessa época. Fez conferência por toda a Europa, inclusive na abertura do "I Congresso Espírita e Espiritualista", que ocorreu em 1890. Seu pai, Alexandre Delanne, era espírita e amigo íntimo de Allan Kardec, e sua mãe, médium, colaborou na codificação espírita. (Fonte: *Wikipédia*)

físico, onde Delanne "reconhece que a mediunidade não é uma faculdade sobrenatural, um dom miraculoso, *ela depende simplesmente de uma 'propriedade fisiológica do sistema nervoso', não tem nenhuma relação necessariamente com a moralidade ou o grau de inteligência do médium*", de onde emerge que, sendo também física, *poderá ser transmitida aos seus descendentes.*

Delanne, às fls. 10 do capítulo I, nos convida ao estudo ao afirmar: "Parece-nos que é chegado o momento de realizar-se uma investigação aprofundada sobre a mediunidade, isto é, sobre a faculdade que certos indivíduos possuem de servir de intermediários entre os homens e os espíritos".

Vale a pena observar a seriedade desse trabalho de Delanne, enfeixado num livro de quase 600 páginas, no qual coleciona experiências com diversos médiuns de vários locais e às fls. 24, diz:

> "Para o estudo do mundo espiritual, precisamos igualmente de um instrumento, de um intermediário entre a humanidade terrestre e a humanidade póstuma. Nós o encontramos: é o médium. Como possui uma alma e um corpo, pela primeira ele tem acesso à vida do espaço, e pelo outro liga-se à Terra, *podendo servir de intérprete entre esses dois mundos.* [...] Nos fenômenos da mediunidade, portanto, devemos definir: *1º a parte que se deve atribuir ao organismo material do indivíduo;* 2º a que é atribuível ao seu próprio espírito; 3º a que lhe é estranha e, neste caso, saber se provém

dos assistentes ou de uma intervenção completamente independente."

Em seguida, às fls. 25, no capítulo "Influência do organismo", afirma que:

"Quando o espírito, após a morte, habita o espaço, se quiser mover um objeto físico ou atuar sobre um encarnado, ele deve pedir emprestada a energia de que é desprovido a um organismo vivo, capaz de fornecer-lhe: o médium é esse gerador. Todo ser humano apto a exteriorizar sua força nervosa poderá servir de médium."

Ainda na busca de estudo e convencimento sobre mediunidade e hereditariedade, gostaria de compartilhar pesquisa postada em 16 de janeiro 2015 no *blog* Divaldo Franco e Joanna de Ângelis, em que Divaldo Pereira Franco[6] comenta sobre a pergunta: A mediunidade pode ser hereditária?

"Embora não se possa dispor ainda de dados confiáveis, observa-se que a faculdade mediúnica ocorre, com certa frequência, entre familiares e descendentes. Poderia a hereditariedade influir, de certa forma, na estruturação e funcionalidade dos corpos físicos, tornando-se instrumentos mais adequados ao exercício da mediunidade?

---

6 Disponível em: http://joanna-de-angelis.blogspot.com.br/2015/01/a-mediunidade-pode-ser-hereditaria-9.html. Acesso em: 10 mar. 2022.

Pessoalmente acredito que a hereditariedade fornece alguns recursos orgânicos que facilitam a eclosão da mediunidade, de modo que faculta a sua ocorrência, por fornecer os delicados e complexos equipamentos "eletrônicos necessários". Desta forma penso que a hereditariedade, embora não desempenhe um papel preponderante, oferece vasta contribuição para equipar os indivíduos com faculdade mediúnica, estando ela invariavelmente vinculada a compromissos espirituais firmados antes do renascimento corporal dos Espíritos."

Analisando sinteticamente, a mediunidade é uma faculdade espiritual e também orgânica; espiritual, pois é uma *faculdade do espírito*, mas orgânica, pois, *quando exercida por encarnados, necessita de órgãos especiais* do corpo físico para captar as informações, que são pelo cérebro decodificadas.

Embora poucos defendam essa tese, de minha parte, comungo dessa teoria, mas deixo ao querido leitor, após todo esse estudo, elementos para sua reflexão e lhes pergunto: A mediunidade pode ser hereditária?

> "Para que um espírito possa comunicar-se é necessário haver entre ele e o médium relações fluídicas que nem sempre se estabelecem de maneira instantânea." (Allan Kardec, *O Livro dos Médiuns*, capítulo XVII. Trecho do item 203.)

ANTE OS PEQUENINOS

A criança é uma edificação espiritual dos responsáveis por ela.

Não existe criança – nem uma só – que não solicite amor e auxílio, educação e entendimento.

Cada pequenino, conquanto seja, via de regra, um espírito adulto, traz o cérebro extremamente sensível pelo fato de estar reiniciando o trabalho da reencarnação, tornando-se, por isso mesmo, um observador rigorista de tudo o que você fala ou faz.

A mente infantil dar-nos-á de volta, no futuro, tudo aquilo que lhe dermos agora.

Toda criança é um mundo espiritual em construção ou reconstrução, solicitando material digno a fim de consolidar-se.

Ajude os meninos de hoje a pensar com acerto dialogando com eles, dentro das normas do respeito e da sinceridade que você espera dos outros em relação a você.

A criança é um capítulo especial no livro do seu dia a dia.

Não tente transfigurar seus filhos em bibelôs, apaixonadamente guardados, porque eles são espíritos eternos, como acontece a nós, e chegará o dia em que despedaçarão perante você mesmo quaisquer amarras de ilusão.

Se você encontra algum pirralho de maneiras desabridas ou de formação inconveniente, não estabeleça censura, reconhecendo que o serviço de reeducação dele, na essência, pertence aos pais ou aos responsáveis e não a você.

Se veio a sofrer algum prejuízo em casa, por depredações de pequeninos travessos, esqueça isso, refletindo no amor e na consideração que você deve aos adultos que respondem por eles.

(*Sinal verde*, pelo espírito André Luiz, médium Francisco Cândido Xavier. São Paulo: Petit, 2004. Capítulo 19. Sob licença da Comunhão Espírita Cristã.)

23
PINEAL – A GLÂNDULA DA MEDIUNIDADE

Quero destacar que "a mediunidade é um fenômeno que se processa através do cérebro do médium". Nós podemos ler esta frase no Livro dos Médiuns, pelo menos cinco ou seis vezes. Dentro desta perspectiva eu imagino que não podemos fazer qualquer outra interpretação. Temos que identificar no cérebro do médium como é que se processa o fenômeno mediúnico.

Nubor Facure[1]

Ligada à mente, a glândula pineal ou epífise é apontada pelos espíritos luminares como a ligação entre o corpo físico e o espiritual, a qual possibilita, entre outras funções de grande importância, a manifestação mediúnica, daí falarmos, ainda que brevemente, sobre essa glândula localizada na região craniana, no teto mesencefálico. Trata-se de uma glândula de forma piriforme, com tamanho aproximado ao de uma ervilha.

---

1 Disponível em: https://www.espiritualidades.com.br/Artigos/F_autores/FACURE_Nubor_tit_Cerebro_e_a_mediunidade-O.htm. Acesso em: 05 jul. 2022

A pineal é conhecida desde o ano 300 d.C., descoberta por Herophilos,[2] e, no século XVII, Steno[3] e De Graff[4] descreveram-na, enquanto Descartes,[5] falando sobre ela, afirmou que "essa glândula é o assento da alma, ou seja, a alma seria o misterioso hóspede da glândula pineal e os *orientais afirmam que esta glândula é um terceiro olho atrofiado*".

No livro *Missionários da luz*, psicografado em 1945 pelo médium Francisco Cândido Xavier, o espírito André Luiz apresenta revelações quanto às funções da epífise, ou pineal, no complexo mente-corpo-espírito, sendo que somente em 1950 estudos científicos concluíram o que o espírito André Luiz, antecipando-se em cinco anos à ciência, já apresentara. A ciência a partir daí debruça-se intensamente sobre esse estudo, e até hoje as pesquisas prosseguem com novas descobertas, buscando desvendar melhor as funções dessa glândula.

O espírito André Luiz, antecipando-se aos conhecimentos da ciência daquela época, com linguagem simples e sem a pretensão da linguagem científica,

2 Herófilo – em grego Herophilos – foi um médico grego conhecido como o primeiro anatomista da história. Foi um dos primeiros a basear suas conclusões na dissecação de cadáveres. (Fonte: *Wikipédia*.)

3 Nicolaus Steno (Copenhage, 11 de janeiro de 1638-Schwerin, 25 de novembro de 1686) foi um bispo católico dinamarquês e cientista pioneiro nos campos da anatomia e da geologia. Foi beatificado pelo papa João Paulo II em 1988. Destaca-se sua obra *Discurso sobre a anatomia do cérebro*. (Fonte: *Wikipédia*.)

4 Reinier de Graaf (Schoonhoven, 30 de julho de 1641-Delft, 17 de agosto de 1673) foi um médico e fisiologista holandês (Fonte: *Wikipédia*.)

5 René Descartes (Descartes, França, 31 de março de 1596-Estocolmo, Suécia, 11 de fevereiro de 1650) foi um filósofo, físico e matemático francês. Durante a Idade Moderna, também era conhecido por seu nome latino: Renatus Cartesius. (Fonte: *Wikipédia*.)

O DESPERTAR DA MEDIUNIDADE

mas com a segurança de pleno conhecimento, trouxe um volume impressionante de informações sobre a glândula pineal e seu hormônio, a melatonina, só isolada por Lerner em 1958.[6]

O médico psiquiatra Sérgio Felipe de Oliveira debruça-se há anos sobre pesquisas a respeito dessa glândula, utilizando-se de equipamentos de microscopia eletrônica e de ressonância magnética, donde concluiu que médiuns ostensivos (aqueles com mediunidade aflorada) têm na glândula pineal um número maior de cristais de apatita. Esses cristais são estruturas funcionais que agiriam como antenas capazes de captar estímulos eletromagnéticos e decodificá-los em estímulos neuroquímicos, que são os que o cérebro seria capaz de compreender.

A não menos estudiosa da mediunidade, dra. Marlene Nobre, no capítulo 5 de seu livro *O dom da mediunidade*,[7] fala-nos:

> Ao que tudo indica, essa maior ou menor quantidade de cristais está subordinada *à lei de hereditariedade*, o que de certa forma, implicaria compromisso com a mediunidade, assumido pela criatura antes do nascimento [...] podemos afirmar que o algo a mais dos médiuns ostensivos, provavelmente, esteja ligado ao preparo do corpo espiritual,[8] antes do renascimento, como compromisso de trabalho, conforme nos é relatado no capítulo 3 de *Os*

6 Atribui-se a Aaron Lerner (1920-2007), médico e pesquisador, o título de descobridor da possibilidade de isolar melatonina, o hormônio do sono.
7 Marlene Nobre. *O dom da mediunidade*. São Paulo: FE Editora, 2007.
8 Corpo espiritual: perispírito, corpo semimaterial intermediário entre corpo físico e espírito (Zilmino Zimmermann. *O períspirito*. Campinas (SP): Editora Centro Espírita Allan Kardec, 2002.) Nota da autora.

Mensageiros. Como sabemos que o corpo físico é moldado pelo perispírito, não é difícil concluir que nessa preparação especial estão incluídos, automaticamente, os cuidados especiais com a glândula pineal do futuro médium.

Essa fala da dra. Marlene também reforça o nosso estudo do capítulo "Mediunidade e hereditariedade", e finalizando trazemos texto extraído de *O Livro dos Médiuns*, de Allan Kardec, capítulo 17, item 209, que destaca a importância do organismo do médium: "No médium iniciante, a fé não é uma condição rigorosa; sem dúvida, ela auxilia nos esforços, mas não é indispensável. Essa disposição orgânica, mais vigorosa e atuante em algumas pessoas em especial, é a causa determinante de fenômenos mediúnicos surpreendentes".

Assim, fortifica-se em nós a certeza de que a mediunidade, naquele que a utiliza com ostensividade, é um sentido novo para a vida, que depende de preparo, antes mesmo do nascimento, e, se utilizada com fins nobres, além de contribuir no bem, enriquecerá quem a possui, segundo seu uso.

> "A Mediunidade não veio em minha vida por acaso. É um compromisso que assumi perante a Espiritualidade Maior. É um convite para reavaliar tudo o que fiz até hoje e recomeçar em bases espiritualizadas e seguras, descobrindo através do intercâmbio com os seres invisíveis um novo caminho para ser feliz." (Suely Caldas Schubert. *Mediunidade: caminho para ser feliz*. Editora Didier, 1999.)

24
MÉDIUNS NO MUNDO ESPIRITUAL

Para conhecer as coisas do mundo visível e descobrir os segredos da natureza material, Deus concedeu ao homem a vista corpórea, os sentidos e instrumentos especiais. Com o telescópio, ele mergulha o olhar nas profundezas do Espaço e, com o microscópio, descobriu o mundo dos infinitamente pequenos. Para penetrar no mundo invisível, Deus lhe deu a mediunidade. (O Evangelho segundo o Espiritismo, capítulo XXVIII, item 9.)

Antes de adentrar o tema, gostaria de tecer alguns comentários sobre a espiritualidade e me sirvo de trechos do livro *Como vivem os espíritos*[1], nos capítulos "A vida espiritual" e "Esferas espirituais".

Como provar que a vida espiritual é uma realidade?

O autor, em resumo, afirma que a mediunidade em suas mais variadas formas atestam a existência de vida após essa vida e por ela descrevem regiões angelicais, onde o amor já se estabeleceu entre os seres que aí vivem, e outras em que o sofrimento ainda impera, lembrando que cada uma dessas condições são de sintonia com essas regiões, posto que tudo resume-se em plantio e colheita, não havendo privilégios

---

1 *Como vivem os espíritos*, Antonio Fernandes Rodrigues, Petit Editora.

e injustiças nas leis de Deus. "Cada plano é uma escalada evolutiva, cada um irá para aquele que lhe é próprio. [...] É por isso que os cristãos enfrentavam as feras dos circos romanos cantando, porque estavam certos de que encontrariam na outra vida os apóstolos do Cristo".

O já citado filme *Nosso Lar*, baseado no livro de mesmo nome, com psicografia de Chico Xavier, mostra-nos regiões que são a morada de espíritos sofredores, nas quais o próprio espírito André Luiz estagiou antes de ser resgatado e levado à colônia espiritual Nosso Lar, posto de socorro aos habitantes do local denominado umbral.

A bibliografia de livros espíritas é farta na descrição de variadas esferas onde os espíritos aportam, atraídos por sintonia, alertando-nos quanto aos ensinos de Jesus: "a cada um segundo as suas obras" (Mateus 16:27).

No livro *Cidade no Além*[2] são citadas as seguintes esferas espirituais, a partir da superfície da Terra: umbral grosso, umbral médio, umbral, onde está localizada a cidade espiritual Nosso Lar, Arte em Geral ou Cultura e Ciência, Amor Fraterno Universal e Diretrizes do Planeta. Existem outras, mas não são mencionadas.

Onde há duas dimensões diferentes há a necessidade de comunicação entre elas, portanto, de um médium, um intérprete, a fim de manter-se a intercomunicação entre essas dimensões.

---

2 *Cidade no Além*, de Francisco Cândido Xavier e Heigorina Cunha, pelos espíritos André Luiz e Lucius. Editora IDE (Instituto Difusão Espírita) Disponível em: https://centroespiritachicoxavier.org.br/livros/079.pdf. Acesso em: 05 jul. 2022

No mundo espiritual, sem o corpo físico, o espírito expressa-se pelo corpo espiritual, o perispírito, que então funciona como seu corpo, e as regras para essa comunicação são basicamente as mesmas: sintonia.

Vários livros descrevem a ação de espíritos de esferas espirituais superiores, que se manifestam em esferas inferiores para auxílio e esclarecimento, utilizando-se de um intermediário para que tal se dê.

Os espíritos mais evoluídos podem utilizar-se desses recursos, mas aos inferiores faltam-lhe condições de elevarem-se mentalmente para visitar as esferas superiores, valendo sempre a máxima de "quem pode o mais, pode o menos, mas não o inverso".

O médium baiano Divaldo Pereira Franco, hoje, em 2022, com 95 anos, comemorou 75 anos de Oratória Espírita[3] ainda atuante na tarefa mediúnica e na oratória, que a todos encanta. Percorreu o mundo levando os ensinos de Jesus, amplificados pelos conhecimentos trazidos por Allan Kardec, recebendo o cognome de Paulo de Tarso dos dias atuais. No período de 25 de maio a 27 de junho de 1994, durante seu roteiro de palestras pela Europa, psicografou mensagens de espíritos diversos, enfeixadas no livro *Sob a proteção de Deus*.[4]

Destacamos uma mensagem psicografada, denominada "Convite aos Médiuns", ditada por Antônio

---

3 Vídeo em que Divaldo relata sobre a mensagem "Convite aos Médiuns". Disponível em: https://www.youtube.com/watch?v=Jzj5MsfyipE. Acesso em: 05 jul. 2022.

4 *Sob a proteção de Deus*, psicografia de Divaldo P. Franco, espíritos diversos. Editora Leal, 1994.

de Pádua[5] durante visita à Itália. Inclusive, é o próprio Divaldo em vídeo, endereço de acesso abaixo[6], quem relata em detalhes sua experiência atípica sobre esse momento mediúnico, e com essa experiência exemplifica-nos a necessidade de um intermediário entre as esferas do mundo espiritual.

Descreve Divaldo como tal se deu, pois houve necessidade da intercessão de sua mentora Joanna de Ângelis, já que o santo da Igreja Católica, vivendo em esferas espirituais superiores, utilizou-se do espírito Joanna de Ângelis como médium para intermediar a mensagem.

Resumindo sua fala, Divaldo informa que, visitando Pádua, a igreja que leva o nome do santo, após conhecer a vastíssima catedral, sentaram-se no banco da igreja, ele e alguns amigos que o acompanhavam, e Joanna lhe disse que Antônio, o Santo de Pádua, queria passar uma mensagem à Terra, mas, como ele vivia em esferas superiores, o nível psíquico do médium não teria condições de captar o pensamento do santo, então ela, o espírito Joanna de Ângelis, intermediaria a mensagem.

Assim o médium recolheu papéis e, com os amigos presentes, cientificados do momento, entraram em oração. Divaldo percebeu Joanna em perfeita concentração. O santo, como um foco enorme de luz, expandia seu pensamento, que era captado pela mentora,

---

5 Santo Antônio de Pádua (1195-1231), santo venerado pela Igreja Católica, canonizado pelo papa Gregório IX em 30 de maio de 1232.

6 Vídeo em que Divaldo relata sobre a mensagem "Convite aos Médiuns". Disponível em: https://www.youtube.com/watch?v=Jzj5MsfyipE. Acesso em: 05 jul. 2022.

e esta transformava em palavras em seu cérebro a mensagem, que assim foi psicografada. Percebam que Joanna, em espírito, foi a médium do médium!

Raros são esses momentos, mas é comum nas casas espíritas, em reuniões mediúnicas, os médiuns propiciarem a comunicação de espíritos infelizes que acompanham aqueles que buscam o tratamento espiritual como cura de seus males. São nesses momentos que esses espíritos podem se expressar pelo médium através da psicofonia, de mente a mente, ou seja, de perispírito a perispírito, transmitindo ao médium suas dores, e ele é acolhido e orientado pelos médiuns doutrinadores e por espíritos amigos, que presidem a essas reuniões, muito se beneficiando os dois planos da vida.

É o amor de Deus, que nunca nos desampara e se utiliza da mediunidade com e para Jesus.

CONVITE AOS MÉDIUNS

No princípio, acreditava-se que o mundo era responsável pelo pecado, fazendo-se necessário fugir dele, detestá-lo, entregando-se à maceração, aos flagícios.

O monastério era uma das poucas opções, senão a única, para se encontrar o caminho do reino dos Céus. Silêncios austeros, prolongados e atormentadores se impunham, ou contemplação profunda, morte em vida, como forma de anulação do ser.

A adoração se tornava um capítulo diário da vida sacerdotal, e a oração recitada e a leitura do breviário constituíam os métodos de autocontrole extenuantes e as fórmulas externas do culto; nas demoradas cerimônias religiosas, tornavam-se terapias libertadoras para a tentação.

Os demônios, porém, venciam as receitas salvacionistas e resistiam aos exorcismos, ricos de palavras ameaçadoras e pobres de conteúdo espiritual, porque o corcel do pensamento disparava, acionado pelos instintos represados, devoradores... A mente se transformava em áspero campo de batalha com os sentimentos em brasa, embora a face da pessoa ostentasse a máscara da incorruptibilidade, da pureza, da vitória. As noites eram terrificadoras: gemidos, soluços, gritos, flagelação...

Somente aqueles que, na fé, buscassem viver o amor encontrariam o equilíbrio entre a mente e o corpo, a fim de arrancarem o semblante patibular da aparência, para serem novamente humanos, afáveis e bons. O sorriso e a alegria no relacionamento social eram execráveis, deveriam ser combatidos, e o amor a Deus mantinha-se soturno, depressivo, quase detestável.

A criatura tinha que se comportar como se estivesse morta, a fim de viver, depois, plenificada no Céu. O sofrimento constituía a tônica, e a autopunição representava a mais elevada expressão do amor a si mesmo, odiando-se. Compreende-se a existência de uma revolta surda no imo dos seres humanos, que explodia nas licenças morais perversas, nos castigos e punições desumanos, em expressões de prepotência, que culminavam nas aberrações mais chocantes.

A natureza humana é obra da Natureza Divina, que permite, ao ser, modelar a máquina que o ajuda no processo da evolução. Com certeza, espíritos nobres conseguiram superar os limites das celas estreitas, a rigidez dos códigos de repressão à vida, as violentas castrações à alegria e ao encantamento diante da Criação, tornando-se conquistadores dos espaços e modelos para inumeráveis outros que lhes seguiram as pegadas.

Diversos, no entanto, mergulharam em demorados processos de loucura, que lhes roubaram a existência física.

Santificar-se era um desafio ao homem interior, que anelava por Deus, embora o cárcere corporal que o limitava.

Assim mesmo, esses homens e mulheres, que buscavam Deus e o Seu reino, conseguiram colocar estrelas na imensa noite da ignorância, para que hoje brilhasse nova luz a guiar a Humanidade.

Agora, esclarecidas as manifestações espirituais e elucidados os fenômenos mediúnicos, abrem-se os portais da Imortalidade, e o intercâmbio entre os dois mundos faz-se natural, estimulado pelos próprios seres livres. A razão comanda a conduta, convidando à liberdade compatível com a evolução.

Restaura-se a fé com a mesma alegria dos primeiros dias do cristianismo. A dor já não é punitiva, mas reparadora, iluminativa. Ruem as pesadas paredes do isolamento individual, o mundo e as criaturas são as grandes metas a conquistar.

A fraternidade rompe o claustro, enquanto o amor desata os nós que impediam os relacionamentos da ternura e da afeição.

As águas frescas desse amor acalmam as labaredas das paixões refreadas.

Ainda permanecem, é certo, focos de incêndio e de alucinação no mundo, por liberação desequilibrada, fenômeno esse natural após a demorada contenção. Jesus, porém, chegará a todos através dos Seus discípulos novos, e a paz reinará soberana.

As forças da tentação – externa-interna –, os Espíritos ensandecidos, violentos, adversários do bem, serão conquistados suavemente e não expulsos ao impacto de veementes objurgações do ódio e da ignorância medievais. A mensagem de Jesus é sempre um hino de incomparável alegria, e entregar-lhe a existência torna-se aquisição de um tesouro raro.

Esse amor, que é a Sua mensagem, feita de júbilo interior, irradia-se e penetra nas almas, mudando-as.

Para sentir-Lhe o seráfico olor e a bem-aventurada presença, deve o ser que O busca elevar-se, abandonando as paixões e desenvolvendo as virtudes no contato com as dores do mundo, balsamizando as feridas e erguendo os combalidos, atendendo a fome de pão, a sede de água e, sobretudo, as necessidades de entendimento, lado a lado com a carência, pelos caminhos das novas Galileias. Nessa grandiosa renovação que começa na Terra, sob o comando do Paracleto, ressuscita-se o intercâmbio intenso entre as criaturas e os imortais, repetindo os dias do Inesquecível Galileu.

Aos médiuns modernos – apóstolos da Fé racional – cabem as lutas silenciosas, o enfrentamento com as forças do Mal, a fim de que a vitória contra as tentações se patenteie na paz de cada um e no espírito de caridade, a nortear-lhes os passos pela senda da autoentrega.

Oração, silêncio digno e ação santificante são os novos métodos para a taumaturgia, para a identificação do cristão com Jesus.

MÉDIUNS DA TERRA:

Exultai ao chamado do Senhor! Rendei-vos ao apostolado do vosso serviço, certos de que a luta que travareis dar-vos-á a perfeita consciência da qualidade do vosso ministério.

Não relacioneis queixas, nem dores, nem renúncias. Encontrai no próprio serviço de amor o pão do reconforto e a paz do espírito lúcido, portanto, inteirado dos deveres a cumprir. Deixai que falem os imortais por vós, assim como dialogai com eles também.

Ide com a cruz da mediunidade e transformareis, pelo bem executado, as duas traves em que imolareis o egoísmo, o orgulho e a inferioridade, nas asas da vossa libertação. O Vencedor do mundo e nós outros, aqueles que vos amamos, esperamos por vós. Tende coragem e fé!

Antônio de Pádua

"Não esqueçamos que a denominação de fenômenos mediúnicos propriamente ditos designa um conjunto de manifestações supranormais, de ordem física e psíquica, que se produzem por meio de um sensitivo, a quem é dado o nome de médium, por se revelar qual instrumento a serviço de uma vontade que não é sua." *Ernesto Bozzano*

25
MEDIUNIDADE COM JESUS

Qual o tipo mais perfeito que Deus já ofereceu ao
homem para lhe servir de guia e modelo?
– "Jesus."
(Questão 625 de *O Livro dos Espíritos*)

A essa questão, Kardec recebe assertivamente dos Espíritos Superiores como resposta: Jesus.

Para não deixar dúvidas, complementam os Benfeitores Maiores que "Jesus constitui o tipo da perfeição moral a que a humanidade pode aspirar na Terra. Deus nô-lo oferece como o mais perfeito modelo, e a doutrina que ensinou é a expressão mais pura da lei do Senhor, porque o espírito divino o animava, e porque foi o ser mais puro de quantos têm aparecido na Terra".

O Evangelho de João (João 14) nos traz duas citações: quando descreve a noite em que antecede a crucificação do Mestre, ocasião em que passava suas últimas instruções aos discípulos, respondendo a uma pergunta, afirma: *"eu sou o caminho, a verdade e a vida"*, e ainda: "Eu sou a luz do mundo, quem me segue não andará nas trevas, pelo contrário, terá a luz da vida" (João 8:12).

Assim, a todos nós, que nos dizemos cristãos e seguidores do Consolador Prometido, o Espiritismo, e principalmente aos médiuns, o alerta se reveste de especial atenção.

Reforçando esse cuidado, transcrevo a orientação do espírito Hammed sobre o assunto: "Transcorridos 145 anos do surgimento do Espiritismo, sua mensagem continua sendo a luz que ilumina o organismo social terrestre e inaugura nas paisagens do mundo uma Nova Era. Restaura nos corações humanos os ensinamentos límpidos do Evangelho de Jesus e abre espaço no seio da humanidade para uma religião de realidade interna".[1]

Falar de mediunidade com Jesus é nos lembrar de que o Mestre esteve sempre junto aos sofredores, acolhendo-os sem julgamentos, mas orientando, como vimos no caso da mulher adúltera,[2] nos inúmeros casos de cura, impondo-lhes as mãos, atendendo a uma mãe desesperada: "Minha filha está moribunda; rogo-Te que venhas e lhe imponhas as mãos para que sare e viva" (Marcos 5:23), na cura de um cego

---

1 Espírito Hammed, médium Francisco do Espírito Santo. *Prazeres da alma,* Catanduva (SP): Boa Nova, 2003. p. 14., (O Espiritismo surgiu em 18 de abril de 1857, com o lançamento de *O Livro dos Espíritos,* de Allan Kardec.)

2 João 8:3-11: "Mulher, onde estão os que te acusavam? Ninguém te condenou? Respondeu ela: Ninguém, Senhor. Então Jesus lhe disse: Nem eu tampouco te condenarei; vai, e não peques mais".

de nascença num dia de sábado, quando, ainda apesar das críticas de alguns fariseus – "Esse homem não é de Deus, pois ele não respeita o sábado" (João 9:16) –, segue a tarefa que o Pai lhe confiara.

Todos os atos de Jesus foram catalogados como milagres e, segundo o dicionário, milagre (*miraculum*) vem do verbo latino *mirare*, que significa admirar-se, maravilhar-se, ou ainda "Acontecimento extraordinário, incomum ou formidável que não pode ser explicado pelas leis naturais".

Em *A Gênese*, Kardec dedica o capítulo 15 a esclarecer os inúmeros relatos de milagres realizados por Jesus, e afirma no item 1: "Os fatos que o Evangelho relata e que foram até hoje considerados milagrosos pertencem, na sua maioria, à ordem dos fenômenos psíquicos, isto é, dos que têm como causa primária as faculdades e os atributos da alma".

Será que podemos relacionar esses fenômenos com a mediunidade e poderemos nós obtê-los?

Diante de tantos ditos "milagres" de Jesus, vem-nos à lembrança Ele mesmo dizendo-nos: não "vim destruir a lei e os profetas, mas dar-lhes cumprimento",[3] dando a entender que Seus atos estavam sob essa lei, que não oferece privilégios a ninguém

O Espiritismo embasa-se na ciência, na filosofia e na religião, tendo como baliza a fé raciocinada, portanto, todos os acontecimentos ocorrem dentro das leis da Física, da Química e da Biologia. Sendo essas

---

3 Mateus 5:17-19 e *O Evangelho segundo Espiritismo*, capítulo I.

leis criadas e mantidas por Deus, e sendo Deus perfeito, não haveria motivo para derrogá-las ou contradizê-las, uma vez que elas próprias derivam da Sua perfeição.

Convido o leitor a buscar um dos livros do pentateuco kardequiano, *A Gênese*, nos capítulos XIV, especialmente item 9, e XV, leitura indispensável para entender esses ditos "milagres". Nós o faremos resumidamente, dando destaque ao final do capítulo XV, item 2, quanto a Jesus, que "dada a missão que cumpriu foi um mensageiro direto de Deus, mais que um profeta e que "como homem, tinha a organização dos seres carnais; porém, como Espírito puro, desprendido da matéria, havia de viver mais da vida espiritual, do que da vida corporal [...]".

Kardec, ainda referindo-se a Jesus, finalizando esse item 2, propõe a pergunta:

> Agiria como médium nas curas que operava? Poder-se-á considerá-lo poderoso médium curador? *Não, porquanto o médium é um intermediário*, um instrumento de que se servem os Espíritos desencarnados, e o Cristo não precisava de assistência, pois que era ele quem assistia os outros. Agia por si mesmo, em virtude do seu poder pessoal, como o podem fazer, em certos casos, os encarnados, na medida de suas forças. Que Espírito, ao demais, ousaria insuflar-lhe seus próprios pensamentos e encarregá-lo de os transmitir? Se algum influxo estranho recebia, esse só de Deus lhe poderia vir. Segundo definição dada por um Espírito, ele era médium de Deus.

Assim, concluímos que Jesus, na maioria das situações, não agiu como médium, mas atuou por si mesmo por conta de seu poder pessoal – *a não ser em momentos em que agia como intermediário do poder de Deus –*, pois Kardec definiu-o acima como "médium de Deus". Jesus, um Ser Iluminado portador de mediunidade natural, em grau compatível com a Sua evolução, possuía todas as faculdades mediúnicas que jamais foram vistas em nenhum ser humano encarnado na Terra.

Importante destacar que Jesus nos orienta sobre como devemos utilizar essa ferramenta, a mediunidade, como Ele fez, ou seja, para socorrer aos necessitados, primeiro nos autorizando: "Na verdade, na verdade vos digo que aquele que crê em mim também fará as obras que eu faço, e as fará maiores do que estas" (João 14-12).

Ainda nos esclarece como exercê-la: "Restituí a saúde aos doentes, ressuscitai os mortos, curai os leprosos, expulsai os demônios" (Mateus 10:8), recomendando que não fizéssemos uso da mediunidade como comércio ou especulação e muito menos como meio de vida, quando ensinou: "Dai gratuitamente o que gratuitamente recebestes", tratando da moral e da ética perante as leis de Deus, que devem nortear a moral e a ética dos médiuns espíritas. A essa última orientação, Kardec, dedicou um capítulo em *O Evangelho segundo o Espiritismo*, capítulo 26.

Em *O Livro dos Espíritos*, questões 629 e 630, Kardec ainda é claro: "a moral é a regra do bem proceder, isto é, de distinguir o bem do mal. Funda-se na observância da lei de Deus. O homem procede bem quando faz tudo pelo bem de todos, porque então cumpre a lei de Deus, enfatizando ainda que "o bem é tudo o que é conforme a lei de Deus; o mal tudo o que lhe é contrário. Assim, fazer o bem é proceder de acordo com a lei de Deus; fazer o mal é infringi-la".

Não restam dúvidas, *a mediunidade com Jesus* refere-se à moralização do médium, de acordo com os padrões ofertados por Jesus, atraindo bons espíritos, obtendo comunicações sérias e caridosas. *A mediunidade sem Jesus* estará impregnada de imperfeições, trazendo as tintas do nosso orgulho, da negligência, da soberba, atraindo espíritos na mesma faixa vibratória, em que apenas manifestações frívolas e zombeteiras se produzirão.

O Livro dos Médiuns[4] reúne mensagem de alertas aos médiuns. Destacamos uma ditada pelo espírito Joanna d'Arc, definindo a faculdade mediúnica, que atinge a plenitude, como tendo atingido o *mediunato*, mas aproveita para nos alertar quanto "aos elogios dos homens, as felicitações, as adulações: eis aí seu escolho", e mais adiante destaca que muitos médiuns creditam seus feitos a si próprios e não aos espíritos que os assessoraram, o que acaba afastando os bons espíritos, que "tornam-se joguetes dos maus", falindo

---

4 *O Livro dos Médiuns*, capítulo 31 – "Dissertações espíritas", item XII. Joanna d'Arc (1412-1431) foi canonizada pela Igreja Católica, sendo também considerada uma heroína na França pelos seus feitos durante a Guerra dos Cem Anos. Disponível em: https://pt.wikipedia.org/wiki/Joana_d%27Arc. Acesso em: 18 maio 2022.

nas programações realizadas antes do reencarne. E, como prevenção a ações piores, a bondade divina age e arremata Joanna: "Deus lhes retira uma faculdade, que não pode mais do que lhes ser fatal".

Joanna d'Arc aconselha todos os médiuns a manterem-se em ligação através de orações junto aos anjos guardiães, para estarem em guarda contra o *orgulho, o mais cruel inimigo do médium*, e finaliza alertando àqueles que, conhecendo o Evangelho, não o praticam: "lembrai-vos bem, vós que tendes a felicidade de serem os intérpretes entre os Espíritos e os homens, que, sem o apoio de vosso divino Mestre, sereis punidos mais severamente, porque fostes mais favorecidos".

Sendo assim, que todos nós médiuns possamos nos lembrar de que a mediunidade não é fruto do acaso, mas que antes de renascermos estabelecemos diretrizes importantes para nossa vida e a mediunidade é uma delas, representando uma ferramenta que deve ser utilizada como alavanca de evolução espiritual, pois, ao exercê-la, ao mesmo tempo que nos melhoramos, poderemos auxiliar o próximo, atendendo ao chamamento do Mestre Jesus: "Nisto todos conhecerão que sois meus discípulos, se vos amardes uns aos outros" (João 13:35).

O médium Divaldo P. Franco vai além. Quando questionado sobre o que seria para ele "mediunidade com Jesus", comentou: "Equivaleria dizer: a mediunidade ética, a mediunidade responsável, criteriosa, a mediunidade *que não se permite os desvios do momento, os modismos*".

Se buscamos exercer a mediunidade com e para Jesus, necessitamos estar constantemente ligados ao vigiai e orai, pois mediunidade é sintonia; que nosso proceder ético, amoroso e caridoso possa atrair espíritos com os mesmos interesses, a fim de sermos denominados bons médiuns.

Francisco Cândido Xavier foi um missionário da mediunidade; exemplificou-nos humildade, devoção, abnegação e o mais absoluto desinteresse material, e esteve entre nós. Eis um exemplo a ser seguido.

MEDIUNIDADE COM JESUS

Mediunidade com Jesus é o pensamento
agindo com amor.
Amor no mundo físico e no mundo espiritual.
Afasta-te de ti, medianeiro, o fantasma da dúvida
e deixa fluir em ti a dor dos que perambulam pelas
vias do sofrimento.
O trabalho incansável é o maior escudo contra as
pedradas da incompreensão alheia.
Toma a tua cruz com o Senhor e seca as lágrimas
dos que sofrem. Sê o médium do amor. "Fé que não
afronta o ridículo dos homens" é fé superficial.
Com Jesus hoje e sempre seca as lágrimas dos que
partiram e dos que ainda estagiam no Plano Físico.
Muita paz.
(Cláudio Rossini, mensagem psicografada
por J. G. Argel em 28 de abril de 2007, na Casa
de Euripedes, Taubaté (SP).)

Labor transcendental

...É necessário que exerçamos a *mediunidade com Jesus.*

Que a figura incomparável do doce Rabi penetre-nos, e que logremos insculpi-la no ádito do nosso coração.

Fomos chamados para um labor de natureza transcendental, a nossa é uma tarefa de abnegação e de sacrifício.

Médium sem as cicatrizes do sofrimento ainda não se encontra em condições de servir em plenitude Àquele que é o exemplo máximo da doação.

Convidados ao banquete da Era Nova, na vinha do Senhor, trabalhemos as vestes espirituais que são os nossos hábitos para que, em chegando o dono do banquete, nos possa colocar no lugar que nos está destinado.

Companheiros de jornada, filhos do coração, honrados com a faculdade mediúnica para o serviço do bem, estendei os vossos tesouros íntimos oferecendo-os aos transeuntes da vida.

Não podeis imaginar o benefício do socorro espiritual em uma reunião mediúnica, quando alguém crucificado nas traves do sofrimento do além-túmulo por decênios, em se utilizando da vossa aparelhagem, consegue receber o lenitivo da palavra que ilumina e que liberta da ignorância, a energia que lhe atenua a dor; a página de esperança que se lhe acena na direção do futuro.

Entregai-vos ao labor da caridade na condição de trabalhadores que somos da última hora.

Jesus espera que nos desincumbamos das tarefas que nos foram confiadas e, dentre muitas, a da mediunidade dignificada pela conduta coerente com os postulados espíritas que têm primazia.

Filhas e filhos do coração, não vos esqueçais de que Jesus nos fez um pedido e que ainda não O atendemos: Amai-vos uns aos outros para que todos saibam que sois meus discípulos.

Foi um pedido do Mestre, busquemos atendê-Lo de tal forma que o amor flua de nós como uma cascata de bênçãos e a aridez do terreno dos corações se fertilize e transforme o deserto em jardim; o pântano das paixões em pomar...

O Senhor espera-nos com ternura, compaixão e misericórdia.

Façamos, dentro das nossas possibilidades, o melhor ao nosso alcance.

Os Espíritos-espíritas que aqui mourejam, por meu intermédio, pedem que nos unamos na construção de um mundo melhor.

E rogamos, por fim, ao Senhor da Vinha que nos abençoe e nos dê a Sua paz.

Que essa paz, filhos e filhas da alma e do coração, permeie-nos hoje e sempre.

São os votos do servidor humílimo e paternal de sempre,

Bezerra de Menezes

(Mensagem psicofônica obtida pelo médium Divaldo Pereira Franco no encerramento da Conferência, no Grupo Espírita André Luiz, Rio de Janeiro, em 22 de agosto de 2013.)

26
HOMENAGEM AOS GRANDES MÉDIUNS

Quantos médiuns poderiam ser aqui homenageados pela dedicação, trabalho, persistência no bem? Escolho uma mulher e um homem, no universo brasileiro, que representarão todos aqueles, mesmo os anônimos, que, pelo seu labor, ética e respeito, além de muito amor, puderam iluminar os nossos caminhos: médiuns em eterno aprendizado.

Yvonne do Amaral Pereira e Francisco Cândido Xavier

YVONNE DO AMARAL PEREIRA

Yvonne Pereira nasceu no estado do Rio de Janeiro, na cidade de Rio das Flores, em 24 de dezembro de 1900. O pai, sr. Manoel, pequeno negociante, e a mãe, Elizabeth, tendo cinco irmãos mais moços e um mais velho, filho do primeiro casamento de sua mãe.

Aos 29 dias de nascida, uma sufocação a deixou como morta, ou seja, sofreu uma catalepsia ou morte aparente. Anos mais tarde, passaria por outra experiência semelhante. Esses fenômenos se deveram a situações vivenciadas em vidas passadas, principalmente por ter se suicidado por afogamento. Durante seis horas permaneceu nesse estado, que levou a ser atestada sua morte, no velório sendo a pequenina defunta vestida com grinalda e vestido branco e azul.

O DESPERTAR DA MEDIUNIDADE

A mãe fez sentida prece à Maria de Nazaré pedindo fosse a situação definida, já que a mãe não acreditava em morte. Instantes após, a criança acordou aos prantos e foi desfeito todo o cerimonial fúnebre.

A família, sempre pobre, vivenciava dificuldades, mas sempre albergava necessitados mais pobres do que eles próprios.

Yvonne, desde os quatro anos de idade, já se comunicava com os espíritos, fosse pela vidência ou pela audição, acreditando fossem seres encarnados.

Dois espíritos sempre lhe foram muito caros: Charles, a quem considerava seu pai real, pois trazia lembranças vivas de encarnações passadas, tendo sido ele seu orientador espiritual por toda a vida quanto às atividades mediúnicas. O outro espírito era Roberto de Canalejas, médico espanhol em meados do século XIX, a quem nutria profundo afeto e com quem tinha ligações espirituais antigas e dívidas a saldar.

Na fase adulta, mantinha frequentes contatos mediúnicos com o dr. Bezerra de Menezes, Camilo Castelo Branco, Frédéric Chopin.

Yvonne relatou ser uma criança infeliz, pois sentia saudades do ambiente familiar vivido em sua última encarnação na Espanha, da qual se lembrava com extraordinária clareza. Seus pais atuais lhe eram estranhos, reconhecendo apenas como pai o espírito Charles, e desejava sua casa e o ambiente que tinha na Espanha.

Esse sentimento de não pertencimento à família, aliado ao afloramento das faculdades mediúnicas, levaram todos os que a rodeavam a achá-la estranha, mesmo sendo sua família espírita. Desde os oito anos, Yvonne tinha contato com os ensinamentos espíritas. Assim, foi acolhida, permanecendo até os dez anos na casa da avó paterna.

Seu pai lhe presenteava com livros espíritas que lhe representavam um bálsamo nas horas difíceis.

Aos treze anos, começou a frequentar sessões práticas de Espiritismo, que lhe eram bem-vindas, pois via os espíritos que se comunicavam naquelas reuniões.

Em função das dificuldades financeiras, cursou apenas até o primário, o que lhe trouxe grande tristeza, pois amava estudar, mas tinha que trabalhar para seu sustento. Costurava e bordava, embora isso não a tenha impedido de tomar conhecimento de grandes obras de autores como Goethe, Bernardo Guimarães, José de Alencar, Arthur Conan Doyle, entre outros.

O afastamento da vida social, que lhe favorecia o desenvolvimento e o recolhimento mediúnicos, tornou-a, contudo, uma pessoa tímida e triste.

Durante sua hora de sono reparador, coletava no mundo espiritual dados para compor sua obra baseada em reportagens do além-túmulo, romances, crônicas e contos, sempre sob a orientação de espíritos amigos.

Foi médium receitista (homeopatia), assistida pelo dr. Bezerra de Menezes, Charles, Roberto de Canalejas e Bittencourt Sampaio, tendo trabalhado em diversos centros espíritas.

Era psicofônica e passista, além de médium de efeitos físicos. Do que mais gostava eram os desdobramentos, a psicofonia e o receituário.

Era uma médium independente, não se submetendo às regras burocráticas de alguns centros espíritas, mas seguia "ao Alto" – assim, exercia a caridade a qualquer hora e dia em que a procuravam os espíritos sofredores.

Dedicou-se ao esperanto, divulgando-o no Brasil e exterior.

Yvonne foi grande articulista em jornais populares da época e sua obra mediúnica reúne vinte livros, como a tríade atribuída ao espírito Charles *Nas voragens do pecado, O Cavaleiro de Numiers e Drama da Bretanha.* O livro *Memórias de um suicida* foi considerado um marco na bibliografia mediúnica. Há ainda *Nas telas do infinito, Amor e ódio*, além de tantas outras maravilhosas obras.

Retornou ao mundo espiritual em 9 de março de 1984, após 84 anos de dedicação aos necessitados, orientando-lhes e socorrendo a todos os que a procuravam.

Nossa gratidão a esse exemplo de mediunidade com Jesus.

FRANCISCO CÂNDIDO XAVIER

Não poderíamos deixar de falar, mesmo que em poucas linhas, do nosso querido médium Francisco Cândido Xavier, ou simplesmente Chico Xavier, nascido em Pedro Leopoldo em 2 de abril de 1910. Ele psicografou mais de 450 livros, tendo vendido mais de 50 milhões de exemplares e cedido todos os direitos autorais, em cartório, para instituições de caridade, cumprindo o ensinamento de Jesus: "Dai de graça o que de graça recebestes".

Distribuiu consolo aos aflitos em função da "perda" de seus entes queridos, psicografando cerca de 10 mil cartas, mostrando que a vida continua.

Foi um médium que ultrapassou as barreiras religiosas, sendo uma das personalidades mais admiradas, principalmente *por suas qualidades de homem de bem*.

Em 2012, foi eleito O Maior Brasileiro de Todos os Tempos, em um concurso homônimo realizado pelo SBT e pela BBC, e ainda teve sua vida retratada em filme, quando faria cem anos.[1]

Fez de sua mediunidade um instrumento valioso de consolo, esclarecimento e amor, e contribuiu para o desenvolvimento social e espiritual da humanidade, já que seus livros foram traduzidos para trinta idiomas.

Chico Xavier sempre alertava: Sem o Evangelho de Jesus o trabalho mediúnico é superficial e exibicionista, mero apelo à curiosidade, vira espetáculo circense.

Muito mais gostaríamos de falar sobre esse grande espírito. Com mais de 92 anos de dedicação integral, desencarnou em Uberaba em 30 de junho de 2002. Essa figura aparentemente frágil carregava a grandeza daqueles que aprenderam a amar verdadeiramente, um exemplo a ser seguido, pois, para ser um bom médium, é necessário ser um homem ou uma mulher melhores ainda.

---

1 Data de lançamento: 2 de abril de 2010 (Brasil). Direção: Daniel Filho. Autor: Marcel Souto Maior.

Nesta encarnação Chico nasceu pobre e morreu pobre das coisas materiais, mas rico das espirituais; valorizou-as conforme ensinou Jesus: riqueza que *a traça e a ferrugem não destroem*...[2]

Kardec já orientara que a *condição absoluta* para atingirmos a felicidade verdadeira, ou seja, a perfeição espiritual, passa pela caridade, lançando a bandeira: "Fora da caridade não há salvação".[3]

Por tudo isso, tenhamos em Chico Xavier nosso modelo e guia, enquanto homem de bem e bom médium, pois trabalhou a mediunidade na sintonia de Jesus, e todo aquele que assim vive consegue resguardar-se do assédio das trevas, das fascinações e obsessões, das tentativas de espíritos infelizes que buscam prejudicar.

Nossa gratidão a esse grande médium espírita, por tudo o que nos ensinou com sua vivência laboriosa, honrosa e amorável, convidando-nos à certeza de que, apesar de tudo, é possível sermos pessoas do bem.

---

2 Mateus 6:19: "Não acumuleis para vós outros tesouros na terra, onde a traça e a ferrugem destroem, e onde ladrões arrombam para roubar. Mas ajuntai para vós outros tesouros no céu, onde a traça nem a ferrugem podem destruir, e onde os ladrões não arrombam e roubam".
3 *O Evangelho segundo o Espiritismo*, capítulo 15.

Av. Porto Ferreira, 1031 | Parque Iracema
CEP 15809-020 | Catanduva-SP

www.**petit**.com.br | petit@petit.com.br
www.**boanova**.net | boanova@boanova.net

📞 17 3531.4444
🔵 17 99777.7413
📷 @boanovaed
f boanovaed
▶ boanovaeditora